अध्ययन और आस्वाद-2

अध्ययन और आस्वाद-2

(साहित्यिक निबन्ध)

गुलाबराय

वाणी प्रकाशन

वाणी प्रकाशन
4695, 21-ए, दरियागंज, नयी दिल्ली 110 002
शाखा
अशोक राजपथ, पटना 800 004
फ़ोनः +91 11 23273167 फ़ैक्सः +91 11 23275710
www.vaniprakashan.in
vaniprakashan@gmail.com
sales@vaniprakashan.in

ADHYAYAN AUR ASWAD-2
by Gulabrai

ISBN : 978-93-86799-42-5
Literary Essays

प्रथम संस्करण 1957
प्रथम (वाणी) संस्करण 2017

मूल्य : ₹ 400

सिटी प्रेस, दिल्ली-110 095 में मुद्रित

वाणी प्रकाशन का लोगो मक़बूल फ़िदा हुसेन की कूची से

प्रकाशकीय

'अध्ययन और आस्वाद' बाबू गुलाबराय के साहित्यिक निबन्धों का संग्रह है। 'अध्ययन और आस्वाद' उनके सभी निबन्ध संग्रहों में निबन्धों की संख्या और विषय के वैविध्य की दृष्टि से व्यापक है। पुस्तक में संकलित कुल चालीस निबन्धों में बाबू गुलाबराय के विस्तृत अध्ययन की एक पूरी झाँकी का दर्शन हो जाता है। 'अध्ययन और आस्वाद' में साहित्य, आलोचना, काव्यशास्त्र और कथा की मूल प्रवृत्तियों पर प्रकाश डालने वाले निबन्धों के अलावा हिन्दी साहित्येतिहास के विभिन्न कालखण्डों पर केन्द्रित स्वतन्त्र और विद्वत्तापूर्ण निबन्धों का संकलन किया गया है। ये निबन्ध पाठकों में साहित्य की मूल समझ के साथ-साथ इतिहास-दृष्टि और आलोचना-दृष्टि को विकसित करने में बेहद उपयोगी हैं। इस पुस्तक के बारे में स्वयं गुलाबराय मानते हैं कि "संग्रह के सभी निबन्ध आलोचनात्मक हैं, कुछ सैद्धान्तिक आलोचना से सम्बन्ध रखते हैं और कुछ व्यावहारिक। सैद्धान्तिक और साहित्यिक एवं इतिहास से सम्बन्धित निबन्धों में अध्ययन की बात अधिक है और व्यावहारिक आलोचना में अध्ययन के साथ आस्वाद का भी पुट है। अध्ययन और आस्वाद मेरी आलोचना के मूल स्तम्भ हैं और यही उनकी विशेषताएँ भी हैं।" आलोचना के इन दो मूलाधारों पर स्थित होने के कारण ये निबन्ध आज भी उतने ही प्रामाणिक और प्रासंगिक हैं।

'अध्ययन और आस्वाद' का पहला संस्करण छह दशक पहले 1957 में प्रकाशित हुआ था। आलोचनात्मक निबन्धों की इतनी महत्त्वपूर्ण पुस्तक अब अनुपलब्ध है। पुस्तक की महत्ता को देखते हुए वाणी प्रकाशन इसका नया संस्करण प्रकाशित कर रहा है। पाठकों की सुविधा के लिए मूल पुस्तक को दो खण्डों में प्रकाशित किया जा रहा है। सैद्धान्तिक अवधारणात्मक निबन्धों के अलावा भक्तिकाल और रीतिकाल से सम्बन्धित निबन्ध पहले खण्ड में रखे गये हैं। दूसरे खण्ड में आधुनिक

काल के साहित्यकारों और कृतियों से सम्बन्धित निबन्धों को शामिल किया गया है। इसी दृष्टि को ध्यान में रखते हुए 'बिहारी का सौन्दर्य-बोध' निबन्ध को पहले खण्ड में रखा गया है। शेष निबन्ध मूल संस्करण के अनुसार ही यथास्थान हैं। हमें आशा है कि दो खण्डों में यह पुस्तक पाठकों के लिए बेहद उपयोगी होगी।

–प्रकाशक

दो शब्द

यद्यपि **'उपजहिं अनत अनत छवि लहहिं'** की उक्ति में बहुत-कुछ तथ्य है तथापि यह भी ठीक है कि लेखक को अपनी कृतियों का निकटतम परिचय होता है। इसी नाते मैं 'अध्ययन और आस्वाद' के निबन्धों के सम्बन्ध में दो शब्द लिख रहा हूँ।

निबन्ध का विषय-विस्तार बहुत व्यापक है। उसके विस्तृत क्षेत्र में सारा जीवन और जगत आ जाता है। साहित्य और आलोचना भी उसी विशाल जीवन-विटप की सुरम्य सुमनावली में से है। जीवन और जगत से सम्बन्धित विषयों को लेकर मेरे दो संग्रह 'मेरे निबन्ध' (जीवन और जगत) और 'कुछ उथले कुछ गहरे' शीर्षक से निकल चुके हैं। यद्यपि इन संग्रहों के अधिकांश निबन्ध साहित्य से सम्बन्धित नहीं हैं। (इनमें कुछ अवश्य साहित्य विषयक हैं) तथापि उनकी शैली सर्वथा साहित्यिक है। इनमें मेरे जीवन के अनुभव, राष्ट्रीय भावनाएँ और जीवन-दर्शन के सिद्धान्त संगृहीत हैं इनके अनुशीलन से विद्यार्थीगण विचारों में सम्पन्नता प्राप्त करने और व्यवहारकुशल अच्छे नागरिक बनने के साथ एक परिमार्जित और आकर्षक शैली के गुण सीख सकते हैं।

प्रस्तुत संग्रह के निबन्धों का विषय भी साहित्यिक है और उसी के साथ उनमें शैली की सरसता स्थित रखने का प्रयत्न किया गया है। ये निबन्ध उच्च स्तर के विद्यार्थियों के लिए अवश्य लिखे गये हैं किन्तु मेरा सदा यह ध्येय रहा है कि साधारण विद्यार्थी के लिए भी वे दुरूह न हो जाएँ। मेरा विश्वास है कि बहुत ऊँची बातें भी सरल और सुबोध भाषा में बतायी जा सकती हैं, इसी विश्वास को इन निबन्धों में चरितार्थ किया गया है। इस संग्रह के प्रायः सभी निबन्ध आलोचनात्मक हैं, कुछ सैद्धान्तिक आलोचना से सम्बन्ध रखते हैं और कुछ व्यावहारिक। सैद्धान्तिक और साहित्यिक एवं इतिहास से सम्बन्धित निबन्धों में अध्ययन की बात अधिक है और व्यावहारिक आलोचनाओं में अध्ययन के साथ आस्वाद का भी पुट है। अध्ययन और आस्वाद मेरी आलोचना के मूल स्तम्भ हैं और यही उनकी विशेषताएँ भी हैं।

इन निबन्धों में अधिकांश निबन्ध 'साहित्य सन्देश' के लिए लिखे गये हैं। इस संग्रह में वे अधिक परिमार्जित रूप में आये हैं। मासिक पत्रिकाएँ यद्यपि दैनिकों और साप्ताहिकों की अपेक्षा अधिक स्थायित्व रखती हैं फिर भी उन निबन्धों में वह

तारतम्य, एकसूत्रता और क्रमबद्धता नहीं रहती है जो पुस्तक में संगृहीत निबन्धों में होती है। इन निबन्धों के संकलन और क्रमबद्ध करने और अखबार की फाइलों से निकाल कर पुस्तक रूप देने का श्रेय मेरे ज्येष्ठ पुत्र रामशंकर गुप्त को है। आशा है विद्यार्थीगण इनसे अपने अध्ययन तथा साहित्यिक निबन्ध लिखने के अभ्यास में लाभ उठायेंगे। काव्य का रसास्वाद करने वालों को अपने रसास्वाद में भी इन निबन्धों से सहायता मिलेगी। इस प्रकार इस संग्रह का नाम 'अध्ययन और आस्वाद' सार्थक होगा।

विनीत

गुलाबराय

गोमती-निवास
दिल्ली दरवाज़ा, आगरा
वैशाख शुक्ल पूर्णिमा
संवत 2014

अनुक्रम

भारतेन्दुजी का प्रकृति-वर्णन

दोनों प्रभाव : भारतेन्दुजी पर भक्ति-काल और रीति-काल दोनों ही के प्रभाव थे, इस कारण उनका प्रकृति-चित्रण भी दोनों ही प्रवृत्तियों से प्रभावित है। उन्होंने जहाँ कृष्ण-भक्ति में *'ब्रज की लता-पता मोहिं कीजै'* की अभिलाषा प्रकट की है और जहाँ *'तरनि-तनूजा तटि तमाल तरुवर बहुत छाये। झुके कूल सों जल परसन हित मनहु सुहाये॥'* द्वारा जमुना जी का स्तवन किया, वहाँ होली, वर्षा आदि के प्रसंग में उन्होंने प्रकृति का उद्दीपन रूप से वर्णन किया है। संयोग की चाँदनी रात में जमुना तीर का विहार और होली लीला अत्यन्त सुखद बन जाती है। उनकी उपस्थिति जुगल जोड़ी का हर्षोल्लास और भी बढ़ा देती है। देखिए—

''आजु हरि खेलत रस-भरि संग वृषभान-किसोरी।
पूनौ निसि डहडह उँजयारी बाँह बाँह में जोरी॥''

वही विरह-दशा में बसन्त के सुहावने दृश्य भी पलाश वन में आग लगा देते हैं—

''बन में आग लगी है, फूले देखु पलास।
कैसे बचि है बाल वियोगिन देखि बसंत-विलास॥''

उद्दीपन रूप में : वर्षाकालीन उद्दीपनों से विरह की विषम वेदना के बढ़ने का चित्र देखिए। इसको पढ़कर भ्रमर गीत की गोपियों का विरह-वर्णन स्मरण हो आता है—

''हरि बिनु कारी बदरिया छाई।
बरसत घेरि-घेरि चहुँ दिसि तें दामिनि चमक जनाई॥''

भारतेन्दु हरिश्चन्द्र ने आर ऋतुओं का भी उद्दीपन रूप से वर्णन किया है। शिशिर ऋतु में विकसित फूलों की पृष्ठभूमि में राधा-कृष्ण के सुखद विहार का चित्र देखिए। इसमें जो फूल गिनाये गये हैं, वे ऋतु के अनुकूल ही हैं और भारतेन्दुजी के सूक्ष्म प्रकृति-निरीक्षण का परिचय देते हैं। देखिए—

''ऋतु सिसिर सुखद अति ही सुदेस। सूचित बसन्त भावी प्रवेस॥
मुकलित कचनार सुठौर ठौर। बन दरसायै नव बौर बौर॥
कहुँ-कहुँ पिक बोलें बैठि डार। मनु रितुपति के नव चोबदार॥

चलि पवन सुखद छवि कहि न जाय। रहे जल लहराय आनँद बढ़ाय॥
फूली अति सी सरसों सुहात। मानो मिलि मदन बसंत गात॥
गेंदा फूले सब डार डार। मनु पाग पहिर ठाढ़ी कतार॥
गूँजे भँवरा सब झोर झोर। आवेस भयौ तन मदन-जोर॥
लखि विहरत जुगल लजाय मार। 'हरिचन्द' हरषि गायी बहार॥''

सूर की छाया : सूर की गोपियों की भाँति हरिश्चन्द्र ने भी ब्रज की गोपिकाओं के नेत्रों से वर्षा की झड़ी लगवा दी है। हमको सूरदासजी के *'निस दिन बरसत नैन हमारे'* वाले पद की याद आती है। देखिए–

''मो मन स्याम घटा-सी छाई।
बरसत है इन नैनन के मग, पिय बिनु बरसा आई॥''

शिशिर और बसन्त ऋतु का आलंकारिक रूप से भी भारतेन्दु ने अपनी एक राष्ट्रीय होली में वर्णन किया है–

''भई पतझार तत्त्व कहूँ नाहीं, सोई बसन्त प्रगटौ री।
पोरे मुख भई प्रजा दीन है, सोंई फूली सरसों री॥''

भक्ति-भावना से प्रेरित होकर जुगल-केलि-थल वृन्दावन के सम्बन्ध में उन्होंने कहा है–

''षट ऋतु जहाँ रहैं कर जोरी।''

संश्लिष्ट योजना : उनके प्रकृति-चित्रण में हमको फूलों के नाम-परिगणन के साथ-साथ ही आचार्य शुक्ल जी के शब्दों में 'संश्लिष्ट योजना' की भी प्रकृति दिखाई पड़ती है। देखिए–

''जाही जूही केतकी कुरवक बकुल गुलाब निवारी।
फूले फूल अनेकल लपटत लहरत केसर क्यारी॥
लपटी लता तरोवर सों बहु फूलि फूलि मन भाई।
मनु मंडप में दुलहा दुलहिन रहे सेहरन लाई॥
कहुँ-कहुँ सघन तरोवर सों मिलि मंडल सुन्दर छायौ।
पत्ररन्ध्र सों धूप चाँदनी मिलि के लगत सुहायौ॥''

इस छन्द की अन्तिम दो भंक्तियों में आचार्य शुक्ल जी के कथनानुसार–
''क्वचित्प्रकाशं क्वचिदप्रकाशं, नमः प्रकीर्णाम्बुधनं विभाति।''–

वाल्मीकि रामायण की उक्ति का आभास मिल जाता है। यहाँ पर पत्तों की छाया के बीच-बीच आये प्रकाश का वर्णन है। वाल्मीकि रामायण में बादलों के टुकड़ों के इकट्ठे और अलग हो जाने से जो प्रकाश और अप्रकाश का दृश्य उपस्थित हो जाता है, उसका वर्णन है।

शुक्ल जी का आरोप : आचार्य शुक्ल जी ने भारतेन्दु जी के ऊपर यह आरोप लगाया है–''उन्होंने मनुष्य को सारी सृष्टि के बीच रखकर नहीं देखा; उसे उसी के

उठाये हुए घेरे में रखकर देखा। मनुष्य की दृष्टि को उसके फैलाये हुए प्रपंचावरण से बाहर, प्रकृति के विस्तृत क्षेत्र की ओर ले जाने का प्रयास उन्होंने नहीं किया।''

—'चिन्तामणि'

यद्यपि यह ठीक है कि *'नव उज्ज्वल जलधार हार हीरक सी सोहत'* वाले गंगावर्णन में और *'तरनि-तनूजा तटि तमाल तरुवर बहु छाये'* वाले कालिन्दी-वर्णन में वे शहरी घाटों के वातावरण को भुला नहीं सके थे, तथापि ऊपर दिये हुए उद्धरणों को देखकर यह नहीं कहा जा सकता कि वे वनों की उन्मुक्त प्रकृति से प्रभावित नहीं हुए थे। शहर के वातावरण से कवि का प्रभावित होना स्वाभाविक ही था। इसमें कोई लज्जा की बात भी नहीं, क्योंकि शहर भी तो 'शेष सृष्टि' के भीतर आते हैं, जिनसे 'रागात्मक सम्बन्ध' स्थापित करना कविता का पुनीत कार्य है किन्तु यह कहना कि वे बँधे हुए घेरे से बाहर नहीं निकले, उनके साथ अन्याय होगा।

अलंकार विधान में : भारतेन्दुजी ने प्रकृति-चित्रण सूर की भाँति अलंकार-विधान में भी किया है और अन्योक्तियों में भी, वे प्रकृति के सुन्दर चित्र लाये हैं। अलंकार-विधान के तीन छोटे-छोटे उदाहरण नीचे दिये जाते हैं—

''मनु घन में घिरि दामिनि लपटी नीलहिं कंचन-बेली।
रस सिंगार में विरह-लता सु तमालहिं पीत चमेली॥''

× × ×

''तापै फेंटा ललित लपेटा पँचरँग सोभित ऐसे।
साँवन साँझ विविध रँग बादर दामिनि चूमत जैसे॥''

× × ×

''आजु हरि-चन्दन हरि-तन सोहै।
तरु तमाल पै साँझ धूप सम देखत तिहि मन मोहै॥''

अलंकारों में प्रकृति-चित्रण का एक उदाहरण और देखिए—

''स्याम सरस मुख पर अति सोभित तनिक अबीर सुहाई।
नील कंज पर अरुन किरिन की मनहुँ परी परछाई॥''

दीपमालिका की दीप-प्रभा की भारतेन्दुजी ने शिशुमारचक्र (मगर के आकार का नक्षत्र समूह) से उत्प्रेक्षा दी है, जो बहुत फबती हुई है और उसमें उनके प्रकृति-सम्बन्धी विस्तृत ज्ञान का भी परिचय मिलता है। देखिए—

''मानो सिसमार चक्र उड़गन सह लसत गगन,
उदित मुदित पसरित दस दिसि उजालिका॥''

अन्योक्तियों के रूप में : दीनदयाल गिरि की तरह हरिश्चन्द्रजी ने उपदेशात्मक अन्योक्तियाँ तो कम लिखी हैं किन्तु विरह-वर्णन में प्राकृतिक दृश्यों का सहारा लेते हुए बड़ी सुन्दर अन्योक्तियाँ की हैं। उनमें से एक यहाँ दी जाती है—

"कबहुँक बारिन में, कुंजन निवारिन में,
इत उत बेलिन कों चौंक चितवत है।
कासन कपासन पै फिरत उदास कबौं,
पल्लवन बैठि-बैठि दिन रितवत है॥
'हरीचन्द' बागन, कछारन, पहारन में,
जित तित पर्‌यो गुन नेह हितवत है।
सूखे-सूखे फूलन पै, तरुन मूलन पै,
मालती-विरह भौंरि दिन रतवत है॥"

वर्णनों में स्वाभाविकता : साहित्य में पशु-पक्षी भी प्रकृति के अंग माने गये हैं। वे भी शेष सृष्टि के भाग हैं। भारतेन्दुजी ने गौओं, हरिणों तथा पक्षियों का अच्छा वर्णन किया है। गौओं पर मुरली का मोहक प्रभाव देखिए—

"लखौ सखि! इन गौवन की हाल।
ऐसी दसा पसुन की है जहँ हम तो हैं ब्रज-बाल॥
कृष्णचन्द्र के मुख सों निकसै जो बंसी की तान।
तो अमृत की पान करहिं ये ऊँचे करि-करि कान॥
बछरा थन मुख लाइ रहे नहिं, पीवत नहिं, तृन खात।
थन तें पय की धार बहत है, नैनन तें जल जात॥
इक टक लखत गोविन्दचन्द कों, पलक परत नहिं नैन।
'हरीचन्द' जहाँ पसु की यह गति, अबलन कों कित चैन॥"

'ऊँचे करि करि कान' और *'थन ते पय की धार बहत'* में गौवों की प्रकृति के सूक्ष्म निरीक्षण का परिचय मिलता है।

इस प्रकार हम देखते हैं कि प्रकृति-चित्रण के जितने प्रचलित प्रकार हैं, उन सबको भारतेन्दुजी ने सफलता से अपनाया है। आलम्बन रूप के चित्रण में रीति काव्य का अवश्य प्रभाव-सा है; वह प्रभाव अधिकांश कवियों में है। संक्षेप में हम कह सकते हैं कि भारतेन्दुजी का प्रकृति-चित्रण भक्ति-काल और रीति-काल के कवियों का-सा है। आजकल का-सा-प्रकृति-चित्रण यदि भारतेन्दुजी में नहीं मिलता, तो इसको हम उनका दोष नहीं कह सकते हैं। कवि ने राष्ट्रीयता के क्षेत्र में पथ-प्रदर्शन किया उससे यह आशा नहीं की जा सकती थी कि वह सभी क्षेत्रों में पथ-प्रदर्शन करता।

भारतेन्दुजी की भक्ति-भावना और धार्मिक-विचार

प्रभाव : यद्यपि भारतेन्दु बाबू हरिश्चन्द्र ने रीतिकाल के अवरुद्ध वातावरण में राज-भक्तिपूर्ण देश-भक्ति तथा समाज-सुधार के नये वातायन खोलकर हिन्दी साहित्य में एक नव प्राणद समीरण का संचार किया था तथापि वे स्वयं रीति काल और भक्तिकाल के प्रभावों से मुक्त न थे। किसी धारा की एक साथ इतिश्री नहीं हो जाती है। वह अपनी गति बिना इंजन के मालगाड़ी के डिब्बों की भाँति चलती ही रहती है। वह तो भारतेन्दु बाबू को साहित्यिक दम प्राप्त हुआ, इसके अतिरिक्त उनके प्रेमी स्वभाव तथा उनके कुल की वैष्णवी परम्परा ने उनके हृदय में भक्ति-भावना को उद्‌दीप्त रखने में सहायता दी। उन्होंने अपनी उत्तरार्द्ध भक्तमाल में अपने पूज्य पिताजी को भी स्थान दिया है। उनके सम्बन्ध में वे लिखते हैं—

"गिरधरनदास कविकुल-कमल, वैश्यवंस भूषन प्रगट।
रामायन भागवत गरगसंहिता कथामृत॥
भाषा करि-करि रचे बहुत हरिचरित सुभाषित।
दान मान करि साधु भक्त मन मोद बढ़ायो॥
सब कुल-देवन मेटि एक हरि पन्थ बढ़ायो।

—पृष्ठ 265, पद 188

गिरिधर भक्ति उनके रक्त-मज्जा का अंश बन गयी थी।

वल्लभ सम्प्रदाय : भारतेन्दुजी वल्लभ सम्प्रदाय में दीक्षित थे और वे अपने सम्प्रदाय के सच्चे भक्त थे। उन्होंने अपनी उपासना के चार आधार स्तम्भ माने हैं और उनको बराबर का स्थान दिया है। वे चार स्तम्भ हैं—'राधावल्लभ' कृष्ण, 'वल्लभी' राधा, 'वल्लभ' (आचार्य महाप्रभु और वल्लभताई वल्लभ सम्प्रदाय)—देखिए—

"राधावल्लभ, वल्लभी, वल्लभ वल्लभताइ।
चार नाम वपु एक पद बन्दत सीस नवाइ॥"

—पृष्ठ 223, दो. 1

यह दोहा भारतेन्दुजी का 'वल्लभ' नाम से अगााध प्रेम प्रकट करता है। इनके अतिरिक्त सम्प्रदाय के अनुकूल ही उन्होंने मायावाद का विरोध किया है। श्री विटठलनाथ जी के स्तवन में उनको मायापत-तमत्तोम ग्रीष्म दिवाकर कहा है। और

अन्य देवी देवताओं के प्रति उपेक्षा भाव रक्खा है। वे स्मातों की भाँति पंचदेवोपासक नहीं थे। जहाँ तुलसीदासजी ने विनय-पत्रिका में सब देवताओं का स्तवन किया है, वहाँ सूरदासजी ने अपने ग्रन्थ का आरम्भ 'वन्दो चरण-कमल हरि राई' से किया और अन्य देवों को रंक भिखारी कहा है। यही प्रवृत्ति भारतेन्दु में भी थी और फिर उनके प्रेमी स्वभाव ने तो उनके अक्खड़पन पर सान चढ़ा दी थी। उन्होंने अपने पिता के वर्णन में सब कुल-देव मेटने की बात कही है। वे कृष्ण के अनन्य थे और उनके प्रति अपना पूर्ण आत्म-समर्पण कर चुके थे।

कृष्ण-भक्ति : भारतेन्दुजी के लिए कविता करना राधागोविन्द के स्मरण का बहाना ही न था–*(आगे के सुकवि रीझि हैं तो कविताई न त, राधिका कन्हाई सुमिरन को बहानो है।)* वरन् उनके हृदय में भक्तों की-सी लगन थी और उनमें सम्प्रदाय की भावनाएँ जीवन का अंग बन गयी थीं। यही बात उनको रीति-कालीन कवियों से कुछ ऊँचा उठा देती है। उनमें अपने दोषों की एक तीव्र चेतना थी। यह भावना विषयी को भी भगवतोन्मुख कर देती है। भक्त और विशेषकर वैष्णव भक्त अपने पुरुषार्थ के आधार पर नहीं वरन् भगवान् की कृपा के आधार पर ही अपना तरण-तारण चाहता है। सूर की भाँति भारतेन्दुजी में दीनता के साथ अक्खड़पन भी था। कृष्ण उनके सखा और प्रियतम थे। वे अपनी सद्गति के लिए उनके अधिकार के साथ कह सकते थे और उनको मित्र का सा उपालम्भ दे सकते थे। उनकी भक्ति-भावना के ये तत्त्व उनके सम्प्रदाय (पुष्टि मार्ग) के अनुकूल पड़ते थे। यहाँ हरिश्चन्द्रजी की भक्ति-भावना के पदों के कुछ अंश नीचे दिये जाते हैं–

"अहो हरि अपुने विरुदहिं देखौ।
जीवन की करनीं करुनानिधि
सपनेहु जानि अवरेखौ।

× × ×

'हरीचन्द' मम अवगुन तव गुन
दोउन को नहिं लेखौ॥"

–प्रेम प्रलाप, पृष्ठ 977, पद 18

भगवान के साथ वे जीव को भी अनन्त बना देते हैं। यदि भगवान गुणों में अनन्त है तो जीव अवगुणों में। भारतेन्दुजी पापों को मनुष्य के लिए स्वाभाविक मानते हुए उनका भार भगवान की माया के ऊपर रखते हैं और वे अपने भगवान का उत्तरदायित्व बढ़ाकर सब कुछ उनकी कृपा पर ही निर्भर रखते हैं–

"कहो किमि छूट नाथ सुभाव।
काम क्रोध अभिमान मोहसँग
लन का बन्यो बनाव॥
ताहू मैं तुव माया सिर पै

औरहु करन कुदाँव।
'हरीचन्द्र' बिनु नाथ कृपाके
नाहिन और उपाब॥''

—प्रेम प्रलाप, पृष्ठ 276, पद 12

अब जरा सूर का-सा अक्खड़पन देखिए—

''जनन सों कबहूँ नाहिं चली।
सदा सर्वदा हारत आये जानत भाँति भली।
कहा कियो तुम बलि राजा सों चतुराई न चली॥

× × ×

हमसो हूँ हारत ही बनि है कबहूँ न जैहो जीत।
तासों तारौ हरीचन्द को मानि पुरानी प्रीति॥

—पृष्ठ 280, पद 30

भारतेन्दुजी की भक्ति में दीनता और अक्खड़पन के साथ दाम्पत्य भाव का-सा विरहोन्माद भी है। (यह विरह की भावना भगवत्साक्षात्कार की पहली सीढ़ी है)। महाप्रभु वल्लभाचार्य ने कहा है—

''क्लिश्यमानज्जनान दृष्ट्वा कृपायुक्तो यदा भवेत्।
तदा सर्वं सदानन्दं हृदिस्थं निर्गतं वहिः॥''

अर्थात् दुःख में पड़े हुए भक्तों को देखकर भगवान जब कृपायुक्त होते हैं तब वे हृदस्थ भगवान बाहर आकर दर्शन देते हैं। इसीलिए भारतेन्दुजी कभी तो मीरा के स्वर में गाने लगते हैं और कभी कबीर की भाँति सूनी सेज पर दुःख प्रकट करते हैं—

''तुम बिनु तलपत हाय विपति बड़ी भारी हो।
तुम बिनु कोउ नहिं मोर पिया गिरधारी हो॥
तुम बिनु व्याकुल प्रान धरौ कैसे धीर हो।
आय मिलो गर लगौ पिया बलबीर हो॥''

कभी वे दाम्पत्य भाव से अपने प्रियतम को हृदय में छिपा रखना चाहते हैं— *'पिय तोहि राखौंगी हिय में छिपाय' और कभी प्रियतम की निष्ठुरता देखकर खण्डिता नायिका की भाँति प्रियतम को उलाहना देते हैं।* देखिए—

''आज मेरे भोरहि जागे भाग।
आये पिया तिया-रस-भीने खेलत दृग जुग फाग॥
मंगल भयो भोर मुख निरखत
मिटे सकल निसि दाग॥
'हरीचन्द' आओ गर लागो
साँचो करौ सोहाग॥''

—प्रेम प्रलाप, पृष्ठ 287, पद 43

स्वकीया खंडिता प्रतीक्षा में सारी रात बिताकर भी पति का स्वागत करने को तैयार रहती है। इसका आध्यात्मिक अर्थ ही लिया जायगा।

भारतेन्दुजी ने भगवद्विरह को पूर्ण महत्ता दी है। उन्होंने भगवान से यही माँगा है कि संसार के चिनगारियों जैसे दुःख को छोड़कर सदा भगवान के विरह में जलते रहें—

"तो सों और न कछु, प्रभु जाचौं।
× × ×
विस्फुलिंग से जग-दुख तजि तब
विरह-अगिन तन ताचौं।"

—विनय प्रेम-पचासा, पृष्ठ 539, पद 5

वल्लभी-भक्ति : राधा की भक्ति में वे राधा-वल्लभीय सम्प्रदाय के बहुत निकट आ जाते हैं। वृन्दावन देवी राधाजी के लिए वे कहते हैं—

"अखिल विश्व-नायक पुरुषोत्तम
जा पद पंकज सेवी।
जगत आधारभूत परमातम
जिय आधार सो ताकी।"

किन्तु यह भावना उनके साम्प्रदायिक क्षेत्र से बाहर नहीं है—उन्होंने गोस्वामी विट्ठलदासजी के स्तवन में कहा है *'अन्तरंग सखि-भाव स्वामिनीदास्य दृढ़ावन'* तभी तो उन्होंने अपने को *'गुलाम राधारानी'* के कहने में गर्व का अनुभव किया। वे सच्चे भक्तों की भाँति जुगल मूर्तिरूप-माधुर्य में छक जाना चाहते हैं—

"श्री राधे मोहि अपनो कब करिहौ।
जुगल-रूप-रस अमित माधुरी
कब इन नैननि भरिहौ।
कब या दीन-हीन निज जन पै
ब्रज कौ बास वितरिहौ।
'हरीचन्द' कब भव बूढ़त तें
भुज धरि धाइ उबरिहौ॥"

—प्रेम फुलवारी, पृष्ठ 577, पद 1

तभी तो वे इस ब्रजवास की चाह में कहते हैं— *'बज की लता-पता मोहिं कीजे'*। इस भावना में वे सूरदास के बहुत निकट पहुँच जाते हैं— *'ऐसे ही बसिए ब्रज की बीथिन। साधुन के पनवारे चुनि-चुनि उदर जो भरिये सीतिन' (सूर)*। भारतेन्दुजी ने चाहे इस पद की प्रेरणा सूरदासजी से ली हो किन्तु उसे निजी उत्साह के साथ अपनाया है—

"ब्रज की लता पता मोहि कीजै।
गोपी-पद-पंकज पावन की रज जामैं सिर भीजै॥

आवत जात कुंज की गलियन रूप-सुधा नित पीजै।
श्री राधे राधे मुख यह बर 'हरीचन्द' को दीजै॥"

—प्रेम-मालिका, पृष्ठ 65, पद 67

श्री राधाजी की महत्ता बतलाते हुए वे कहते हैं—

"जै जै श्री वृन्दावन देवी।
जो देवन को देव कन्हाई सोऊ जा पद-सेवी॥"

—विनय-प्रेम-पचासा, पृष्ठ 537, पद 1

इसी प्रसंग में यह भी बतला देना आवश्यक है कि भारतेन्दु ने राधाकृष्ण की निकुंज लीलाओं के अनेक पद गाये जिनमें भारतेन्दुजी की पूर्ण वैष्णवी भक्ति प्रकट होती है। राधा का प्रेम भी तन्मयता की पराकाष्ठा को पहुँच जाता है।

"राधे भई आपु घनश्याम।"

—तन्मय-लीला, पृष्ठ 656, पद 2

वल्लभ और वल्लभताई : गुरु भक्ति भक्ति-काल का व्यापक गुण रहा है। इसको सगुण और निर्गुण दोनों ही प्रकार के भक्तों ने अपनाया है। वल्लभ सम्प्रदाय में महाप्रभु वल्लभाचार्य को साक्षात् भगवान का अवतार मानते हैं। हरिश्चन्द्रजी ने भी ऐसा ही माना है—

"आजु प्रेम-पथ प्रगट भयो भुव-
जनमें श्रीवल्लभ पूरन काम।
कठिन काल कलि देख दया करि
आपुहि चलि आये द्विजधाम॥

× × ×

आज घर-घर बजत बधाई।
द्विज-वपुलै नँद नन्दन प्रगटे
लक्ष्मण भट घर आई॥"

—राग-संग्रह, पृष्ठ 483, पद 138

सम्प्रदाय के स्तवन में नीचे का पद-पठनीय है—

"चिर जीयो मेरी श्री वल्लभ कुल,
माया मत खर तिमिर दिवाकर,
प्रेम अमृतपय रस सागर-पुल।
कलि खल-गन-उद्धरन रसिक-जन,
सरन-करन विरहिन विरहाकुल।

—प्रेम-प्रलाप, पृष्ठ 289, पद 51

बौद्ध धर्म में भी दीक्षा लेते समय *'बुद्धं शरणं गच्छामि'* के साथ *'धर्मं शरणं*

गच्छामि' और *'संघं शरणं गच्छामि'* कहते हैं इसी प्रकार भारतेन्दुजी ने वल्लभताई का स्तवन किया है।

मायावाद का प्रतिवाद : भारतवर्ष में मायावाद का प्रभाव व्यापक रहा है। वैष्णव लोग भी इसके प्रभाव से बाहर नहीं रहे। गोस्वामी तुलसीदासजी ने *'रज्जौ यथाहेर्भ्रम'* कहा है। परम रसिक वर कविवर बिहारीलाल ने मायावाद के प्रभाव में आकर *'यह जग काँचो काँच सो'* कहा है किन्तु भारतेन्दुजी अपने वैष्णव सिद्धान्तों पर दृढ़ रहे। उन्होंने मायावाद का हर स्थान में खंडन किया है। कविता में तो मायावाद का अनेकों स्थान में उल्लेख किया है–

"तूल मायावाद दहन-हित अग्नि वपु।"

× × ×

"कहौ अद्वैत कहाँ से आयो।
शिवोहं भात सब लोग।
कहै शिव कहै तुम कीट अन्न के,
यह कैसो संजोग॥"

–सर्वोत्तम-स्तोत्र, पृष्ठ 718, पद 24

भारत-दुर्दशा में भी भारत के पतन के कारणों में वेदान्त को भी बतलाया है–

"रचि कै मत वेदान्त को, सब को ब्रह्म बनाय।
हिन्दुन पुरुषोत्तम कियो, तोर हाथ और पाय॥"

और देखिए–

"वेदान्त ने बड़ा ही उपकार किया। सब हिन्दू ब्रह्म हो गये। ज्ञानी बनकर ईश्वर से विमुख हुए, रुक्ष हुए, अभिमानी हुए और इसी से स्नेह शून्य हो गये। जब स्नेह ही नहीं, तब देशोद्धार का प्रयत्न कहाँ? बस, जय शंकर की।"

–भारत दुर्दशा

भारतेन्दुजी मायावाद के विरुद्ध साम्प्रदायिक कारणों से भी थे। भक्त अपने भगवान के साथ बराबरी नहीं करना चाहता। तुलसीदासजी ने भी पार्थक्य भावना रखी है *'रामचन्द्र चन्द्र तो चकोर मोहि कीजिये'* किन्तु उन्होंने मायावाद की बुराई नहीं की है। इतना ही नहीं वरन् संसार के प्रति अनास्था उत्पन्न करने के लिए उन्होंने मायावाद को प्रश्रय दिया है, और राजनीतिक कारणों से भी वे इसके विरुद्ध थे क्योंकि उनका खयाल था और उसके कारण अकर्मण्यता आ जाती है। यह वेदान्त का दुरुपयोग है। वेदान्त व्यवहार में संसार को सत्य मानता है।

अन्य देवी देवता : जैसा ऊपर कहा जा चुका है, महात्मा सूरदासजी भी अन्य देवी देवताओं के प्रति उदासीन थे। यह बात दूसरे देवताओं के तिरस्कार करने के लिए इतनी नहीं थी जितनी कि अपने उपास्य के प्रति अनन्यता के लिए। तुलसी ने तो अन्य सब देवों की प्रार्थना करते हुए उनसे रामभक्ति का ही वर माँगा– *'वसहिं*

राम सिय मानस मोरे' और इस प्रकार अनन्यता की रक्षा करली किन्तु वल्लभकुल में *'अन्यस्य भजनं तत्र स्वतोगमनमेव च'* अर्थात् दूसरे का भजन और वहाँ *'स्वतः गमन'* भी वर्जित है। (देखिए श्री प्रभुदयालजी मोतलकृत सूर निर्णय, पृष्ठ 253)। वैसे तो गोस्वामी जी ने भी कृष्ण गीतावली लिख कर भी कृष्णजी के आगे यही कहा था कि *'तुलसी मस्तक तब नवै धनुष वाण लेहु हाथ'* यदि यह ठीक है तो बेचारे हरिश्चन्द्रजी को ही हम क्यों दोष दें। वे अपने भगवान पर पूर्ण भरोसा रखना चाहते थे। वे गंगा गये गंगादास और जमुना गये जमुनादास होने के विरुद्ध थे। उनमें शरणागति की भावना प्रबल थी। प्रपत्ति या शरणागति वल्लभ सम्प्रदाय का मूल क्षेत्र है। दीक्षा के समय भी शरणागति का पाठ पढ़ाया जाता है। इसी शरणागति भावना से वे कहते हैं–

"जिनके देव गुबरधन-धारी,
ते औरहि क्यौं मानै हो।"

–प्रेम प्रलाप, पृष्ठ 278, पद 22

आधुनिक काव्य की दार्शनिक विचारधारा

भाव और विचार : काव्य के तत्त्वों में यद्यपि भावतत्त्व को प्रधानता मिली है तथापित्त उसमें विचारतत्त्व को भी पर्याप्त महत्त्व दिया गया है। काव्य के विचार शुष्क विचार के रूप में नहीं उपस्थित किये जाते हैं वरन् उनमें भावना का रस मिलाकर उनको ग्राह्य बनाया जाता है। काव्य में कला-पक्ष के साथ हृदय और बुद्धि-पक्ष दोनों का ही सन्तुलन आवश्यक है। विचार के बिना भाव केवल साबुन के रंग-विरंगे बबूलों की भाँति रह जाते हैं। विचार के बिना भाव अन्धे हैं और भाव के बिना विचार पंगु और शक्तिहीन रह जाते हैं। सांख्य शास्त्र के प्रकृति और पुरुष के अन्ध-पंगु न्याय से काव्य गतिशील होता है। विचार ज्ञानमय होने के कारण पुरुष के पर्याय हैं और भाव शक्तिमाय होने के कारण प्रकृति के स्थानापन्न हैं।

युग के प्रभाव : हमारे कवियों ने अधिकांश में भारतीय विचार-धारा का आश्रय लिया है किन्तु वर्तमान भारत पूर्व और पश्चिम के विचारों का मिलन-बिन्दु रहा है। योरोप के कुछ विचार तो भारतीय परम्परा से मेल खाते थे और उन्होंने उनको पुष्ट भी किया और कुछ स्वतन्त्र तेल और पानी की तरह अलग रहे। प्राचीन परम्पराओं में तो शांकर वेदान्त और वैष्णव-भक्ति मूलक द्वैतता अथवा अद्वैतता और अद्वैतता का समन्वय रहा। वैष्णव सम्प्रदायों में वल्लभाचार्य और रामानुजाचार्य का प्रभाव अधिक रहा है। शैव आगम यद्यपि कम पड़े गये तथापि काशी में उनका भी प्रभाव रहा। राष्ट्रीय भावना ने बौद्धधर्म को कुछ अधिक पोषण दिया। कुछ तो बौद्ध धर्म का दुःखवाद तत्कालीन परिस्थितियों से उत्पन्न निराशावाद से अधिक मेल खाता था और बौद्ध धर्म के नाते चीन, जापान और एशियायी देशों से हमारा घनिष्ठ सम्बन्ध स्थापित हो जाने की सम्भावना हो जाती है। धार्मिक क्षेत्र में अद्वैतवाद की पुष्टि करने वालों में रामकृष्ण परमहंस, अरविन्द घोष, स्वामी विवेकानन्द और रामतीर्थ प्रमुख हैं। ब्रह्म समाज ने भी उपनिषदों की अद्वैत विचारधारा को अग्रसर किया। स्वामी दयानन्द ने द्वैतवाद क्या त्रैतवाद का समर्थन किया। उन्होंने ईश्वर, जीव और प्रकृति तीनों को स्वतन्त्र माना।

इन देशी प्रभावों के अतिरिक्त हेगिल का आध्यात्मिक सर्वात्मवाद और मार्क्स का भौतिक द्वन्द्वात्मक तर्कवाद हमारे शिक्षित युवक मन को आकर्षित करता रहा है

(प्रगतिवाद में मार्क्सवाद का ही प्रभाव है)। काव्य में तत्त्वज्ञान की इसलिए और भी आवश्यकता पड़ती है कि जीवन-दर्शन भी तत्त्वज्ञान पर आधारित रहता है। कबीर, जायसी, सूर, तुलसी यहाँ तक कि रीतिकालीन देव और बिहारी तक के काव्य में एक दार्शनिक अन्तःस्रोत बहता है। अब हम दर्शन की कुछ मूल समस्याएँ लेकर देखेंगे कि उनके सम्बन्ध में हमारे कवियों ने क्या दृष्टिकोण रखा है।

जगत का अस्तित्व : शांकर वेदान्त के सिद्धान्त का मूल सूत्र यह है– *'ब्रह्म सत्यं जगन्मिथ्या जीवो ब्रह्मैव नापरः'* मध्यकाल में तो शांकर मायावाद की ऐसी तूती बोली कि बिहारी जैसे वैष्णव कवि भी मायावाद के बहाव में बह गये।

वे लिखते हैं–

"मैं समुझ्यौ निरधार, यह जग काँचो काँच सो।
एकै रूप अपार, प्रतिबिम्बत लखियतु जहाँ॥"

किन्तु नवयुग के प्रारम्भ में ही भारतेन्दुजी ने मायावाद के विरुद्ध अपना मत प्रकट किया। महाप्रभु वल्लभाचार्य को मायावाद की रुई के लिए अग्नि बतलाया–

"तूलमायावाद तहन हित अग्नि वपुः"

सच्चे वैष्णव भक्तों की भाँति शांकर वेदान्त की दोनों भित्तियों का खंडन कर भारतेन्दुजी ने उसको भारत की दुर्दशा का कारण बतलाया–

"रचि के मत वेदान्त को, सब को ब्रह्म बनाय।
हिन्दुन परुषोत्तम कियो तोरि हाथ और पाँव॥"

भक्ति-भावना के कारण उन्होंने अद्वैतवाद को भी एक विडम्बना-मात्र कहा है–

"कहो अद्वैत कहाँ से आयो,
शिवोऽहं भाखत सब लोग।
कहँ शिव और कहँ कीट अन्न के,
यह कैसो संयोग?"

द्विवेदी युग के आरम्भ में पं. श्रीधर पाठक ने भी जगत को सचाई-सार माना है। जगत को सचाई सार मानने के कई कारण हैं, कुछ तो वैष्णवता और कुछ पाश्चात्य भौतिकवादी प्रभाव जो प्राकृतिक शक्तियों को अधिक महत्त्व देते हैं। इसके अतिरिक्त बढ़ती हुई राष्ट्रीयता की भी यह माँग थी कि संसार को सत्य माना जाय। संसार को मिथ्या मान कर सांसारिक अभ्युदय के लिए प्रयत्नशील होने की प्रेरणा कम हो जाती है। यद्यपि स्वामी शंकराचार्य ने जगत को व्यावहारिक सत्ता माना है तथापि आधुनिक युग का मनीषी परमार्थ और व्यवहार में अन्तर करना पसन्द नहीं करता। संसार को सत्य मान कर ही उसके प्रति आस्था हो सकती है। आधुनिक कविगण संसार को सत्य और वास्तविक मानते हैं।

जगत चेतन स्वरूप है : छायावाद प्रकृति का चेतन आधार लेकर चला है। प्रकृति में मानवी भावों का तभी आरोप हो सकता है जब यह माना जाय कि प्रकृति और

मानव में एक ही आत्मा व्याप्त मानी जाय। छायावाद के दो उन्नायकों, प्रसाद और पन्त की कविता सर्वात्मवाद के भावों से अनुप्राणित है। प्रसाद ने विश्व का शिव रूप देखा है। उन पर शैव अद्वैतवाद का प्रभाव है। उन्होंने प्रारम्भ में ब्रजभाषा में कविता की थी। उसका एक उदाहरण यहाँ दिया जाता है–

"अहो लखो यह विश्वेश्वर की सृष्टि अनूप।
विश्वरूप तिन मांहि विराजत लखि सबही रूप॥
यह विराट संसार तासु प्रकट रूप है।
या में अंगन की आभा राजत अनूप है॥"

–प्रेम राज्य

वे आनन्दवादी थे। *'रसो वै सः'* वे सारे जगत को आनन्दमय देखते थे और उसमें चित्तशक्ति के प्रसार का अनुभव करते थे किन्तु बौद्ध धर्म के प्रभाव से और वैसे भी उसकी परिवर्तनशीलता के मानने वाले थे–

"चिति का स्वरूप यह नित्य जगत।
वह रूप बदलता है शत शत॥
कण विरह मिलनमय नित्य निरत।
उल्लास पूर्ण आनन्द सतत॥"

–कामायनी (दर्शन सर्ग)

परमाणुओं को आकर्षण-विकर्षण से पूर्ण और सतत नृत्यशील मानते हैं। विज्ञान भी आजकल के अणु-परमाणुओं में सौरमंडल की-सी गति मानता है।

शिव का आनन्दमय स्वरूप जो उनके नृत्य में अभिव्यक्त होता है, सारे विश्व में व्याप्त है। नृत्य जगत में व्याप्त ईश्वरीय साम्य का प्रतीक है। *'शिव संहिता में'* बतलाया गया है कि एक ही आनन्दमय सत्ता सारे संसार में व्याप्त है, उसके अतिरिक्त और कुछ नहीं है–

"एकः सत्ता पूरितानन्दरूपः पूर्णोव्यापी वर्त्तते नास्ति किंचित।"

–शिव संहिता 1।191

संसार में आह्लाद की व्याप्ति के कारण वह भगवान की लीला के रूप में परिणित हो जाता है। सारा विश्व, सूर्य, चन्द्र और तारे उसी शिव नृत्य के फलस्वरूप अस्तित्व में आते हैं। देखिए–

"लीला का स्पन्दित आह्लाद,
वह प्रभा पुंज चितमय प्रसाद,
आनन्दपूर्ण तांडव सुन्दर
झरते ये उज्ज्वल श्रम सीकर,
बनते तारा हिमकर दिनकर,
उड़ रहे धूल कण से यह भूधर;

संहार सृजन के युगल वाद,
गतिशील अनाहत हुआ नाद।"

—कामायनी (दर्शन सर्ग)

संहार और सृजन उन्हीं के चरण-विक्षेप का फल है। यह नृत्य अनाहतनाद (शब्द ब्रह्म) का ही गतिमय रूप है। यह सारा सर्ग जगत में चित्त शक्ति के लहराते हुए आनन्द का काव्यमय निरूपण है। श्वेताश्वेतर उपनिषद में रुद्र को सब लोगों का अपनी शक्तियों द्वारा शासक, पालक और संहारक बतलाया गया है, देखिए—

"एको हि रुद्रो न द्वितीयाय तस्थुः
यम इमान लोकान ईशत ईशनीभिः।
प्रसङ्जनास्तिष्ठिति संचुकोयान्तकाले
संसृज्य विश्वाभुवनानि गोपाः॥"

—श्वेताश्वेतर 3-2

पंडित सुमित्रानन्दन पन्त भी सारे सौरमंडल को एक ही चित्तशक्ति का प्रकाश और प्रसाद मानते हैं। प्रसाद जी में यही शक्ति कुछ साम्प्रदायिक (शैव) रूप धारण कर लेती है किन्तु उसके ऊपर का साम्प्रदायिकता का आवरण हटाने पर उसी व्यापक ब्रह्म की आनन्दमयी चेतना के दर्शन होते हैं। पन्तजी के विचार किसी सम्प्रदाय से प्रेरित नहीं हैं—

"चिन्मय प्रकाश से विश्व उदय,
चिन्मय प्रकाश में विकसित, लय!
रवि, शशि, ग्रह, उपग्रह, ताराचय
अग जग प्रकाशमय है निश्चय!
चित् शक्ति एक रे जगज्जननि,
घृत ज्योति योनि में लोकाशय,
पलते उर में नव जगत सतत,
होते जग जीर्ण उदर में क्षय!"

—सौरमंडल, (पल्लविनी, पृष्ठ 221)

तैत्तरेय उपनिषद में लिखा है कि जिसमें से सब भूत उत्पन्न होते हैं, उत्पन्न होकर जिसमें जीवित रहते हैं, जिसमें जाकर विलीन हो जाते हैं—उसे ही तू ब्रह्म जान—

"यतोवा इयानि भूतानि जायन्ते येन जातानि जीवन्ति,
यत्प्रयन्त्यमिसंविशन्ति तद्विजिज्ञासस्व तदब्रह्मेति॥"

—तैत्तरेय 3।1

जो लोग वर्तमान युग की कविता में भौतिकवाद ही देखते हैं उनके लिए ऊपर के उद्धरण नेत्रोन्मीलक होंगे। प्रगतिवाद ने भौतिकवाद को सिद्धान्त रूप से अपनाया है किन्तु उसकी काव्यमय अभिव्यक्ति अधिक नहीं हुई है। विकासक्रम में चेतनवादी

चेतन का हाथ देखते हैं किन्तु मार्क्सवादी विकासवाद में भौतिक आवश्यकताओं और प्रकृति के अन्ध प्रयोगों को मान्यता देते हैं।

पन्तजी जड़ में ही चेतन के बीज निहित पाते हैं, जड़ जड़रूप से चेतन को नहीं जन्म देता है वरन् उसमें चेतन का बीज निहित रहता है जो जड़ के बन्धनों को तोड़कर बाहर आता है—

"बन्दी उसमें जीवन अंकुर
जो तोड़ निखिल जग के बन्धन
पाने को है जो सत्त्व मुक्ति,
जड़ निद्रा से जग बन चेतन।"

—सृष्टि, (आधुनिक कवि, पृष्ठ 65)

मायावाद : यह व्यापक रूप से तो नहीं कहा जा सकता कि आधुनिक सब ही कवि जगत को सच्चा मानते हैं किन्तु ये उसे चेतन-स्वरूप अथवा चेतन का परिणाम अथवा विवर्त मानते हैं। निरालाजी मायावाद की ओर अधिक झुके हैं—संसार माया है, नश्वर है—

"भेद का मायावरण, दुस्तर तिमिर घोर-जड़ावर्त
प्रमाणित तरंग-भंग...
स्पृहादृत जंगमता—
नश्वर संसार
सृष्टिपालन, प्रलय-भूमि
दुर्दम अज्ञान राज्य
मायाकृत 'मैं' का परिवार—
अस्तित्व जीवन का महामोह"

—जागरण

द्वैत और अद्वैत : द्वैत-अद्वैत के सम्बन्ध में कुछ मतभेद अवश्य है किन्तु जब सारे विश्व को ही चेतनाधार मान लिया जाता है फिर द्वैत के लिए कम गुंजाइश रह जाती है किन्तु अद्वैतता की भी कई श्रेणियाँ हैं। कुछ तो अद्वैतता में भी व्यक्तित्व का बना रहना मानते हैं और कुछ कबीर की भाँति बूँद और समुद्र का-सा पूर्ण एकीकरण और विलीनता भाव मानते हैं। किन्तु वैष्णवता और पश्चिमी ईसाई दर्शनों के प्रभाव से द्वैतता का अंश अधिक रहता है। कविवर मैथिलीशरण गुप्त ने *'निर्गुण तू तो अखिल गुणों का बास-बसेरा'* कह कर सगुण की स्थापना की और उन्होंने *'दासोऽहम्'* की तन्मयता को ही *'सोऽहम्'* कहा—

"अब भी एक प्रश्न रहा कोऽहं?
कहूँ कहूँ जब तक दासोऽहं
तब तन्मयता कह उठी कि सोऽहं।"

—झंकार

प्रिय प्रवास की राधा में भी वयैक्तिक प्रेम तन्मयता के कारण जगत प्रेम में परिणत हो जाता है। पन्त में अद्वैतता की ओर अधिक झुकाव है–

"एक छवि के असंख्य उडगन,
एक ही सब में स्पन्दन;
× × ×
हमारे काम न अपने काम
नहीं हम जो हम ज्ञात;
अरे निज छाया में उपनाम
छिपे हैं हम अपरूप;"

–नित्यजगत

निराला में द्वैत और अद्वैत दोनों के अलग-अलग स्तर हैं। पंचवटी में हमको द्वैत और अद्वैत दोनों ही अपने-अपने स्थान में मिलते हैं–लक्ष्मण का दृष्टिकोण सेवा और भक्ति का है, उसमें साधना का द्वैतभाव है और राम के दृष्टिकोण में सिद्धि का ऐक्य-भाव है। लक्ष्मणजी कहते हैं–

"मुक्ति नहीं जानता मैं, भक्ति रहे काफी है
सुधाधर की कला में अंशु यदि बनकर रहूँ मैं–
तो अधिक आनन्द है,
यदि होकर चकोर कुमुद नैश गन्ध–
पीता रहूँ सुधा इन्दु सिन्धु से बरसती हुई
तो सुख मुझे अधिक होगा
इसमें सन्देह नहीं–
आनन्द बन जाना हेय है
श्रेयस्कर आनन्द पाना है"

कविवर रत्नाकार ने भी अपने उद्धवशतक में गोपियों द्वारा विलीनता के भाव का खंडन कराया है–

"जैहै बनि-बिगरि न बारिधता बारिधि की,
बूँदता बिलैहै बूँद बिबस बिचारी की।"

रामचन्द्रजी ऊँचे स्तर पर पहुँचकर एकता और मुक्ति का पक्ष लेते हैं। वे कहते हैं–

"डूब गया अहंकार अपने विस्तार में–
टूट गये सीमा बन्ध–
छूट गया जड़-पिण्ड–
× × ×
स्थित में आनन्द में चिरकाल जाल मुक्त
ज्ञानाम्बुधि बीचि रहित।"

'तुम और मैं' में ब्रह्म और जीव का सम्बन्ध दिखाई देता है। जिसमें यह भाव प्रकट होता है कि तरंग समुद्र की है नकि समुद्र तरंग का है। इसमें वैष्णव भावना भी आ जाती है।

"तुम तुंग हिमालय-शृंग
और मैं चंचल गति सुर सरिता
× × ×
तुम दिनकर के रवि किरण जाल
मैं सरसिज की मुस्कान
× × ×
तुम प्राण और मैं काया"

इस कविता में तुम और मैं के कई सम्बन्ध दिखाये गये हैं।

महादेवी में भी एकता के साथ द्वैतता मिलती है। महादेवी और प्रसाद दोनों पर वेदान्त के साथ बौद्ध दर्शन का भी पूरा प्रभाव है। वे संसार को भगवान का विराट रूप मानती हैं–

"आलोक तिमिर सित असित चीर,
सागर गर्जन रुन-झुन मँजीर।
× × ×
रवि शशि तेरे अवतंस लोल
सीमन्त जटित तारक अमोल
× × ×
अप्सरि तेरा नर्तन सुन्दर"

पूर्ण एकता का आभास नीचे के गीत में दिया जाता है–

"बीन भी हूँ मैं तुम्हारी रागिनी भी हूँ।
× × ×
दूर तुम से हूँ अखंड सुहागिनी भी हूँ॥
× × ×
तार भी आघात भी झंकार की गति भी।
पात्र भी, मधु भी, मधुप भी, मधुर विस्मृत भी
अधर भी हूँ और स्मिति की चाँदनी भी हूँ॥"

महादेवीजी जीव की सीमाओं पर गर्व करती हैं। वे ससीम की सीमाओं में ही असीम के दर्शन करती हैं–

"विश्व में यह कौन सीमा हीन है
हो न जिसकी खोज सीमा में मिला
क्या तुम ही सर्वज्ञ एक महान हो?"

महादेवीजी का दुखवाद और *'नीर भरी बदली'* की-सी विनाश-शीलता बौद्ध धर्म की देन है।

किन्तु इसी के साथ अभेद में भेद भी लगा हुआ है। आजकल का युग व्यक्तिवाद का युग है। व्यक्ति अपने को बिल्कुल खो नहीं सकता है।

"मैं तुम से एक, एक है जैसे रश्मि प्रकाश
मैं तुम से हूँ भिन्न, भिन्न ज्यों घन में तड़ित-विलास॥"

प्रसाद की समरसता में भी व्यक्ति के साथ अभेद है। समरसता में मित्र और दम्पती की-सी द्वैतता में भी एकता का आनन्द रहता है—

"जाते समरमानन्दे द्वैतमप्यमृतोपमम्।
मित्रयोरिव दम्पत्यो जीवात्मपरमात्मयोः।"

प्रवृत्ति निवृत्ति : आज कल की कविता निवृत्ति की अपेक्षा प्रवृत्ति की ओर अधिक झुकी है। यद्यपि *'लेचल भुलावा देकर मेरे नाविक'* के-से पलायनवाद की प्रवृत्ति छायावाद में रही है तथापि वह स्थायी नहीं बनी। स्वयं प्रसादजी की फुटकर कविताओं में तथा कामायनी में सात्त्विक प्रवृत्तिओं की प्रबल प्रेरणा है। मनु देव सृष्टि की विफलता के कारण पलायनवादी बन गया था। श्रद्धा उसका ध्यान जीवन में व्याप्त आनन्द और उल्लास की ओर आकर्षित कर उसमें जीवित रहने और कर्म करते रहने की प्रवृत्ति जाग्रत करती है। मनु का नैराष्य देखिए—

"किन्तु जीवन कितना निरुपाय!
लिया है देख नहीं सन्देह।
निराशा है जिसका परिणाम,
सफलता का वह कल्पित गेह॥"

—श्रद्धा सर्ग

श्रद्धा कहती है—

"कहा आगन्तुक ने सस्नेह,
अरे तुम इतने हुए अधीर।
हार बैठे जीवन का दाँव
जीतते मरकर जिस को बीर।
और यह क्या तुम सुनते नहीं,
विधाता का मंगल वरदान—
"शक्तिशाली हो विजयी बनो"
विश्व में गूँज रहा जय गान।
डरो मत अमृत सन्तान,
अग्रसर है मंगलमय वृद्धि;
पूर्ण आकर्षण जीवन केन्द्र,
खिची आवेगी सकल समृद्धि।"

'नैराश्यं परमं सुखं' वाले हतोत्साह करने वाले सिद्धान्तों के विरुद्ध यह आशावादी सन्देश देश के लिए आवश्यक है। भगवान के मंगलमय वरदान में विश्वास रखकर ही हम दुनिया के संघर्ष में आगे बढ़ सकते हैं।

आधुनिक कविता में दुखवाद की प्रवृत्ति अवश्य है किन्तु आशावाद भी पर्याप्त मात्रा में है। देखिए निराला जी का गीत—

"रूख री यह डाल, वसन वासन्ती लेगी।"

बन्धन में मुक्ति : आजकल के युग में गीता के निष्काम कर्म को अपनाया है। बन्धन में ही मुक्ति देखने की बड़ी ही सुन्दर अभिव्यक्ति कवीन्द्र रवीन्द्र में हुई है—

"वैराग्य साधने जे मुक्ति से आभार नय,
असंख्य बन्धन माझे हे आनन्दमय! लभिव मुक्तिस्वाद।"

—गीतांजलि

पन्तजी भी दूसरों के लिए तपने और जलने का उपदेश देते हुए बन्धन में ही मुक्ति के दर्शन करते हैं—

"तपरे मधुर मधुर मन
विश्व वेदना में तप प्रतिपल
× × ×
तेरी मधुर मुक्ति ही बन्धन
गन्ध हीन तू गन्ध युक्त बन"

गुप्तजी बन्धनों को स्वार्थ हित नहीं चाहते पर *'बन्धन ही क्या स्वार्थ हेतु समुचित हैं?'* वे बन्धनों में ही मर्यादा देखते हैं। अपने बन्धन में दूसरों की मुक्ति है। सारा कर्त्तव्य-शास्त्र अपने अधिकारों को सीमित रखने में ही है—

"जनपद के बन्धन मुक्ति-हेतु हैं सब के,
यदि नियम न हो, उच्छिन्न सभी हो कब के।"

समन्वयवाद : समन्वयवाद भारतीय संस्कृति का एक सर्वमान्य अंग है। समन्वयवाद वर्तमान कविता में ओत-प्रोत है। प्रसाद और पन्त दोनों ही सुख-दुख का समन्वय चाहते हैं—

"हो उदासीन दोनों से सुख-दुख से मेल कराये।
ममता की हानि उठाकर दो रूठे हुए मनाये॥"

—प्रसाद

सुख और दुख का द्वन्द्व ममता के ही कारण उपस्थित होता है। यदि ममता और अहंकार न रहे तो सुख-दुख का भी द्वन्द्व छूट जाय—

"सुख दुख के मधुर मिलन से
यह जीव हो परिपूरन,

फिर घन में ओझल हो शशि,
फिर शशि से ओझल हो घन!''

—पन्त

घन दुख का प्रतीक है और शशि सुख का। महादेवी दुख को ही सुख मान लेती हैं। समरसता का सिद्धान्त भी समन्वयवाद का ही साम्प्रदायिक रूप (बुरे अर्थ में नहीं) है। कामायनी में इस समरसता का सिद्धान्त बड़े स्पष्ट शब्दों में मुखरित हुआ है। उसमें हृदय और मस्तिष्क भावना और बुद्धि का समन्वय है। श्रद्धा अपने पुत्र को इड़ा को सौंपती हुई कहती है—

''यह तर्कमयी तू श्रद्धामय,
तू मननशील कर कर्म अभय;
इसका तू सब सन्ताप निचय
हरले, हो मानव भाग्य उदय,
सब की समरता कर प्रचार,
मेरे सुत सुन मा की पुकार।''

—दर्शन सर्ग

बौद्धिक ज्ञान जहाँ तर्क में उलझ जाता है वहाँ हृदय का प्रातिभ ज्ञान (Intuition) एक साथ सत्य के दर्शन कर लेता है। श्रीमद्‌भगवद्‌गीता में भी कहा है, *'श्रद्धावान् लभते ज्ञानम्'* कामायनी में इसी का कथात्मक निरूपण है। श्रद्धा के ही सहारे मनु को शिव के दर्शन हुए हैं।

कामायनी में अधिकार और अधिकारी, पुरुष और नारी सबकी समरसता का निर्देश किया गया है। जड़, चेतन, जीव, ब्रह्म सबकी तात्त्विक समरसता का नैतिक रूप अधिकारी और अधिकृत की समरसता में मिलता है। इस समरसता का प्रभाव ही दुनिया के संघर्ष का मूल है। आनन्द समरसता में ही है क्योंकि समरसता में पूर्णता है। पूर्णता ही भूमा है और भूमा ही सुख और आनन्द है। भूमा की व्यापक स्थिति में एक के अतिरिक्त और कुछ नहीं दिखाई देता है। उपनिषदों में कहा है—

''यो वे भूमातत्सुखम्''

''विषमता की पीड़ा से व्यस्त,
हो रहा स्पन्दित विश्व महान्,
यही दुख सुख विकास का सत्य
यही भूमा का मधुमय दान।
नित समरसता का अधिकार,
उमड़ता कारण जलधि समान;
व्यथा से नीली लहरों बीच,
बिखरते सुख मणिगण द्युतिमान!''

विषमता ही जगत की पीड़ा का कारण है। समरसता में विषमता जाती रहती है और दुख की कालिमा से सुख की उज्ज्वल मणियाँ निकलने लगती हैं। अन्त में बतलाया गया है कि ज्ञान इच्छा और क्रिया के समन्वय से त्रिपुरारि शिव के दर्शन होते हैं–

"स्वप्न स्वाय, जागरण मात्र हो,
इच्छा क्रिया ज्ञान मिल लय थे।"

इस प्रकार आधुनिक कविता तत्त्वज्ञान की गुत्थियों के साथ जीवन का एक दर्शन देती है जिसमें जीवन की वास्तविकता के साथ लड़कर विजय पाने का एक आशा-भरा सन्देश है।

कामायनी की भावमूलक व्याख्या

मानव की आत्मचेतना : वर्तमान युग में मानव को अपने बल और दौर्बल्य की आत्मचेतना हो गयी है। वह अपने दौर्बल्य पर भी गर्व करता हुआ अपने पतन में उत्थान के बीज निहित पाता है। कामायनी इसी आत्मचेतना से लिखा हुआ महाकाव्य है। इसके सुरम्य कथा-सूत्र में मानव सभ्यता का इतिहास एवं मानव मनोवृत्तियों का सांकेतिक विवरण सम्बद्ध है जो कि उसके काव्य-कुसुम के रसपूर्ण चित्रित सौन्दर्य में एक दिव्य सौरभ का आमोद प्रदान करता है।

मनु का सजीव चित्र : इस महाकाव्य के नायक हैं आदि पुरुष वैवस्वत मनु जो कि जलप्लावन के पश्चात् देवताओं की ध्वस्त सृष्टि में से बच रहे थे और जिनके देवत्व का दम्भ जर्जरित हो गया था।

"आ अमरता का जीवित हूँ
मैं वह भीषण जर्जर दम्भ,
आह सर्ग के प्रथम अंक का
अधम पात्रमय-सा विषकम्भ॥"

—चिन्ता सर्ग, पृष्ठ 18

मनु जिस रूप में हिमगिरि पर दिखाई देते हैं वह चिन्ताकुल होने पर भी पूर्णतया स्वस्थ और पौरुषमय है। मनु का जैसा स्वस्थ पुरुष सौन्दर्य प्रसादजी ने अंकित किया है वैसा अन्यत्र बहुत कम देखने को मिलता है।

"अवयव की दृढ़ मांस-पेशियाँ
ऊर्जस्वित था वीर्य्य अपार;
स्फीत शिरायें, स्वस्थ रक्त का
होता था जिनमें संसार।
चिन्ता-कातर वदन हो रहा
पौरुष जिसमें ओत-प्रोत;
उधर उपेक्षामय यौवन का,
बहता भीतर मधुमय स्रोत।"

—चिन्ता सर्ग, पृष्ठ 4

चिन्ता : इस काव्य में फल प्राप्ति मनु को हाती है किन्तु श्रद्धा के ही सहारे। वही उसको चिन्ता के जीवन से आनन्द-लोक तक पहुँचाती है। इसीलिए उसी के नाम पर पुस्तक का नामकरण हुआ। एकाकी मनु चिन्ताकातर था और उसमें एक प्रकार के श्मशान वैराग्य के रूप में देव सभ्यता की उच्छृंखलता विलासिता की प्रतिक्रिया परिलक्षित होती है।

"प्रकृति रही दुर्जेय, पराजित
हम सब थे भूले मद में;
भोले थे, हाँ तिरते केवल
सब विलासिता के नद में।
वे सब डूबे; डूबा उनका
विभव, बन गया पारावार।
उमड़ रहा था देव सुखों पर
दुःख-जलधि का नाद अपार।"

—चिन्ता सर्ग, पृष्ठ 8

ऐसी पराजय की मनोवृत्ति में चिन्ता के सिवा और कौन-सी वस्तु स्थान पा सकती है। जब हृदय में उत्साह होता है तब चिन्ता नहीं रहती। मनु अपने पुरुषत्व के अभिमान में चिन्ता को दूर हटाना चाहते हैं।

"बुद्धि, मनीषा, मति, आशा, चिन्ता
तेरे हैं कितने नाम!
अरी पाप है, तू जा, चल, जा,
यहाँ नहीं कुछ तेरा काम॥

—चिन्ता सर्ग, पृष्ठ 6

बुद्धि और चिन्ता का साहचर्य : बुद्धि और चिन्ता का चाहे ऐक्य न हो किन्तु साहचर्य अवश्य है। क्योंकि जहाँ चिन्ता होती है वहाँ ऊहापोह में बुद्धि का प्रयोग अवश्य होता है जैसा कि आचार्य शुक्लजी ने लिखा है, यह बुद्धिवाद के विरोध का प्रथम संकेत है।

मनु का नैराश्य : मनु को फिर पराजय-वृत्ति घेर लेती है और वे इस संसार से भागना चाहते हैं। वे अपनी चेतना पर विस्मृति का आवरण डालने के लिए उत्सुक हो जाते हैं। ठीक वैसे ही जैसे कोई निराश व्यक्ति अफीम खाकर या तो हमेशा के लिए या थोड़े काल के लिए चेतना का अन्त कर देना चाहता है। देखिए मनु कैसी बलवती विकलता का परिचय देते हैं—

"विस्मृत आ, अवसाद घेर ले
नीरवते! बस चुप कर दे;

चेतनता चल जा, जड़ता से
आज शून्य मेरा भर दे।"

—चिन्ता सर्ग, पृष्ठ 6

आशापूर्ण आस्तिकता : यह दशा मनुष्य की चिरकाल तक नहीं रह सकती। तूफान के पश्चात् शान्ति का समय आता है, विषाद और चिन्ता से पूर्ण कराल रात्रि के पश्चात् अरुणोदय हुआ और उसी के साथ प्रकृति का पट पलटा—उसकी भीषणता सौम्य रूप धारण करने लगी और मनु के हृदय में आस्तिकतामूलक कौतूहल की जाग्रति हुई। दुख और सुख के सन्धिकाल तक आस्तिकता, पश्चात्ताप और वैराग्य का बाहुल्य रहता है। वैसे भी प्राकृतिक सौन्दर्य के दर्शन के रहस्य-भावना की जाग्रति स्वाभाविक है।

"वह विराट् था हेम घोलता
नया रंग भरने का आज;
कौन? हुआ यह प्रश्न अचानक
और कुतूहल का था राज॥

—आशा सर्ग, पृष्ठ 24

× × ×

हे विराट्! हे विश्वदेव! तुम
कुछ हो ऐसा होता भान,
मन्द गम्भीर धीर स्वरसंयुत
यही कर रहा सागर गान।"

—आशा सर्ग, पृष्ठ 26

जीवनेच्छा की जागृति : प्रभात की मधुरिमा में प्रकृति के सौम्य रूप को देखकर मनु के मन में आशा और उत्साह का उदय होता है और उसी के साथ जीवनेच्छा का भी।

"जीवन! जीवन! की पुकार है
खेल रहा है शीतल दाह;
किसके चरणों में नत होता
नव प्रभावत का शुभ उत्साह।
मैं हूँ, यह वरदान सदृश क्यों
लगा गूँजने कानों में!
मैं भी कहने लगा, 'मैं रहूँ'
शाश्वत नभ के गानों में।"

—आशा सर्ग, पृष्ठ 27

विषाद की पुनरावृत्ति : जीवनेच्छा के साथ मनु के हृदय का विषाद जो अभी

तक पूरी तौर से दूर नहीं हुआ था कुछ उग्र हो उठता है। जीवन, केवल जीवन शिला का-सा अस्तित्व-मात्र कुछ अर्थ नहीं रखता। जीवन पूर्णता चाहता है। निरुद्देश्य एकाकी जीवन विषाद की अग्नि को प्रज्वलित कर देता है और मनु सोचने लगते हैं—

"तो फिर क्या मैं जिऊँ और भी—
जीकर क्या करना होगा?
देव! बता दो, अमर वेदना
लेकर कब मरना होगा?"

—आशा सर्ग, पृष्ठ 28

सात्त्विक कर्म : मनु को सूनापन अखर रहा था। उनके मन में भी एकोऽहम् बहुस्याम की चाह थी। और इसी चाह से प्रेरित हो वे सोचते थे—

"जैसे हम हैं बचे हुए;
क्या आश्चर्य और कोई हो
जीवन लीला रचे हुए।
अग्निहोत्र अवशिष्ट अन्न कुछ
कहीं दूर रख आते थे;
होगा इससे तृप्त अपरिचित
समझ सहज सुख पाते थे।
दुख का गहन पाठ पढ़कर अब
सहानुभूति समझते थे;"

—आशा सर्ग, पृष्ठ 32

ठीक है, *'जाके पाँय न फटे विवाई, सो का जाने पीर पराई'*—यह है परार्थ सात्त्विक कर्म। इससे श्रद्धा की प्राप्ति होती है।

श्रद्धा का आगमन : बहुत प्रतीक्षा तथा अपने मन को सुलाने वाले प्रेम की सुध करने के पश्चात् मनु को श्रद्धा की आवाज सुनाई दी। सौन्दर्य उपासना के लिए प्रेम की जाग्रति आवश्यक है। मनु जिस आवाज को सुनने को तैयार हो गये थे वही उनके कानों में आयी। आवाज ही चिन्ता-मग्न पुरुष को आकर्षित कर सकती है फिर तो सौन्दर्य-दर्शन के लिए नेत्र खुल जाते हैं। नेत्र खुलते ही श्रद्धा की नयनाभिराम मूर्ति भी सामने आयी जिसका वर्णन प्रसादजी ने इस प्रकार किया है—

"नील परिधान बीच सुकुमार
खुल रहा मृदुल अधखुला अंग;
खिला हो ज्यों बिजली का फूल
मेघ-बन बीच गुलाबी रंग।"

—श्रद्धा सर्ग, पृष्ठ 46

नील वस्त्र चिरस्थायी प्रेम का प्रतीक होता है क्योंकि नील रंग बार-बार धोने

से भी हलका नहीं पड़ता। सूर ने भी राधा को नीली फरिया पहनायी है। श्रद्धा भावुकता की मूर्ति है, कला और सौन्दर्य की प्रतीक है। वह गन्धर्व देश में कला का ज्ञान प्राप्त करके आयी थी।

"भरा था मन में नव उत्साह
सीख लूँ ललित कला का ज्ञान।"

—श्रद्धा सर्ग, पृष्ठ 51

प्रवृत्ति का उपदेश : श्रद्धा ने मनु को आशा, उत्साह और कर्मण्यता का सन्देश दिया। श्रद्धा के उदय होते ही आशा का संचार होने लगता है। श्रद्धा में जो विश्वास की मात्रा रहती है वही उत्साह का कारण बनती है। श्रद्धा के मुख से प्रसादजी जीवन-मीमांसा का भी उद्‌घाटन कराकर मन को निराशाजन्य पलायनवाद से विरत कर जीवन का आनन्द लेने की ओर प्रवृत्त करते हैं—

"जिसे तुम समझे हो अभिशाप,
जगत की ज्वालाओं का मूल;
ईश का वह रहस्य वरदान
कभी मत जाओ इसको भूल;
विषमता की पीड़ा से व्यस्त
हो रहा है स्पन्दित विश्व महान्;
यही दुख सुख विकास का सत्य
यही भूमा का मधुमय दान।"

—श्रद्धा सर्ग, पृष्ठ 53-54

दुख ही सुख के विकास का कारण होता है। हमको जीवन उसकी पूर्णता में ग्रहण करना चाहिए। दुखों को छोड़कर अमिश्रित सुख नहीं मिल सकता। भूमा पूर्णता का ही नाम है। *'भूमा वै सुखम'* दुख ही जीवन के मूल्यतम रत्नों को प्रकाश में लाता है—

"व्यथा से नीली लहरों बीच
बिखरते सुख मणि गण द्युतिमान।"

—श्रद्धा सर्ग, पृष्ठ 54

मनु पलायनवाद की ओर जाता है। श्रद्धा उसको जीवन-संग्राम की ओर ले जाती है। प्रसादजी ने अपने नाटकों में नारी को महत्त्व दिया है। पुरुष-प्राधान्य के बहुत से काव्य लिखे जा चुके हैं, नारी-प्राधान्य के काव्य से हमें विचलित नहीं होना चाहिए। किरातार्जुनीय में द्रौपदी ने ही पांडवों को प्रोत्साहन दिया था और राजपूत रमणियाँ भी पुरुषों को युद्ध के लिए सुसज्जित करती रही हैं किन्तु यहाँ श्रद्धा ने सुसज्जित करने से कुछ अधिक काम किया है। उसने मनु को निराशा के गर्त से निकाल कर जीवन में प्रवेश कराया है। मनु कहते हैं—

"किन्तु जीवन कितना निरुपाय
लिया है देख नहीं सन्देह
निराशा है जिसका परिणाम
सफलता का वह कल्पित गेह।"

–श्रद्धा सर्ग, पृष्ठ 54

जीवन का महत्त्व : श्रद्धा तप की अपेक्षा जीवन को महत्त्व देती है और आकांक्षापूर्ण आशा आह्लाद की ओर मनु का ध्यान आकर्षित करती है। जीवन तिरस्कार की वस्तु नहीं। श्रद्धा का उत्साहपूर्ण उत्तर सुनिए–

"कहा आगन्तुक ने सस्नेह–
अरे तुम इतने हुए अधीर!
हार बैठे जीवन का दाँव,
जीतते मरकर जिसको वीर।
तप नहीं केवल जीवन सत्य
करुण यह क्षणिक दीन अपसाद;"

–श्रद्धा सर्ग, पृष्ठ 55

समर्पण : श्रद्धा मनु के लिए अपने हृदय का द्वार खोलकर दया, माया, ममता आदि रत्नों को उसे भेंट करती है–

"दया, माया, ममता लो आज,
मधुरिमा लो, अगाध विश्वास;
हमारा हृदय रत्न निधि स्वच्छ"

–श्रद्धा सर्ग, पृष्ठ 57

जीवन का उल्लास और आशावाद जितना हमको कामायनी के वचनों में मिलता है उतना इस युग में बहुत कम दृष्टिगोचर होता है। इस युग के निराशावाद के लिए यह एक औषधि रूप है–

"विश्व की दुर्बलता बल बने,
पराजय का बढ़ता व्यापार
हँसाता रहे उसे सविलास
शक्ति का क्रीड़ामय संचार।"

–श्रद्धा सर्ग, पृष्ठ 59

"शक्ति के विद्युत्करण, जो व्यस्त
विकल बिखरे हैं, हो निरुपाय;
समन्वय उसका करे समस्त,
विजयिनी मानवता हो जाय।"

–श्रद्धा सर्ग, पृष्ठ 59

काम द्वारा श्रद्धा का परिचय : श्रद्धा के इस आत्म-समर्पणमय वीरता के सन्देश के पश्चात् काम ने एक दूरागत ध्वनि के रूप में आकर अपना परिचय देते हुए कन्यादान की रसम भी अदा कर दी।

"हम दोनों की सन्तान वही
कितनी सुन्दर भोली-भाली;
रंगों ने जिनसे खेला हो
ऐसे फूलों की वह डाली।
जड़ चेतनता की गाँठ वही
सुलझन है भूल-सुधारों की।
वह शीतलता है शान्तिमयी
जीवन के उष्ण विचारों की।"

—काम सर्ग, पृष्ठ 77

काम का शुद्ध रूप : सरसरी तौर से देखने पर श्रद्धा का काम की दुहिता होना कुछ सन्दिग्ध-सा प्रतीत होता है किन्तु यदि हम काम को उसके शुद्ध और व्यापक रूप में लेते हैं तो वह सन्देह दूर हो जाता है। संसार में काम एक आदि-प्रेरक शक्ति है। *'काममयं एवायं पुरुषः'*, लोकैषणा, वित्तैषणा और पुत्रैषणा सब इसी के विविध रूप हैं। जीवन की आकांक्षा (The will to live) भी इसका नामान्तर है। काम में ही भाव का मूल है। कलाओं का भी इसी से सम्बन्ध है। चौसठ कलाओं का विवरण हमको काम-सूत्रों में मिलता है। काम आकांक्षा है, रति उसकी तृप्ति है। आकांक्षा की तृप्ति श्रद्धा को जन्म देती है।

वासना का उदय : काम के पश्चात् वासना का उदय होता है। वासना काम का ही व्यक्त रूप है। काम और वासना मनुष्य की इच्छा शक्ति के ही रूपान्तर हैं। वासना के आते ही मनु का मन सौन्दर्य-प्रवण हो जाता है और कामायनी के पालित पशु के प्रति ईर्ष्या जाग्रत हो जाने पर भी वह श्रद्धा का आत्मसमर्पण कर देता है—

"मैं तुम्हारा हो रहा हूँ" यही सुदृढ़ विचार;
चेतना का परिधि बनता घूम चक्राकार।"

—वासना सर्ग, पृष्ठ 89

सौन्दर्य के दो पक्ष : सौन्दर्य के विषयी-प्रधान (Subjective) और विषय-प्रधान (objective) दोनों ही पक्ष हैं। बिहारी ने इन दोनों पक्षों का उद्घाटन *'रूप रिझावन हार वह ये नयना रिझवार'* इस दोहार्ध में किया है। वासना उसके विषयी-प्रधान पक्ष को पुष्ट करती है और लज्जा उसके विषय-प्रधान पक्ष को बल देती है। लज्जा वासना की अतिशयता के ऊपर एक आवश्यक 'ब्रेक' का भी काम करती है। कामायनी में लज्जा के इन दोनों धर्मों की ओर संकेत किया गया है—

"मैं उसी चपल की धात्री हूँ
गौरव महिमा हूँ सिखलाती;
ठोकर जा लगने वाली है
उसको धीरे से समझाती।"

—लज्जा सर्ग, पृष्ठ 102

सकाम कर्म : मनु श्रद्धा के वचनों का उल्टा अर्थ लगाकर पशुबलि के काम्य कर्म में प्रवृत्त हो जाते हैं और इसमें असुरों के पुरोहित किलात और आकुलि उनके सहायक बनते हैं। पशुबलि होती है, पाशविकता की वृद्धि के लिए। मेरी समझ में दोनों ओर के आत्म-समर्पण के बाद वह काम्य कर्म का व्यापार कुछ असंगत-सा लगता है। श्रद्धा को पुरोडाश और सोमपान कराना आवश्यक था। पशुबलि का विरोध प्रसादजी के प्रकाम्य विषयों में से था, शायद इसीलिए उसके पर्णन करने का मोह वे संवरण न कर सके हों। यह बलिकर्म श्रद्धा के पालित पशु के प्रति मनु के ईर्ष्यालु मन की प्रेरणा से हुआ हो या पूर्व संस्कारों की प्रबलता से, जो कुछ भी हो यह कुछ अप्रासंगिक-सा लगता है।

ईर्ष्या का अंकुर : मनु अपने आदर्श स्वभाव में चित्रित नहीं हुए हैं। प्रसादजी यथार्थवादी हैं। मनु का चरित्र नैतिक बन्धनों से ही न हो साधारण मनुष्य के रूप में दिखाया गया है। पहले उनको श्रद्धा के पालित पशु के प्रति ईर्ष्या हुई थी, अब अपने ही भावी पुत्र के प्रति। मनु देव-सृष्टि के अवादित अधिकारों के संस्कार लेकर आये थे और शायद वे घर में बँधकर नहीं बैठना चाहते थे।

मातृ-भार से दबी हुई श्रद्धा का केतकी गर्भ-सा पीला मुँह और आँखों में भरा स्नेह उनको अधिक आकर्षण न दे सका 'A thing of beauty is not a joy for ever' की बात उपस्थित हो गयी थी। श्रद्धा उनके मृगया कर्म का भी विरोध करती थी। वह मृगया के आगे खेती की अवस्था को पहुँच गयी थी। स्त्रियाँ सदा रक्षा का प्रतीक रही हैं। श्रद्धा के भावी वात्सल्य और मनु के दूसरे को न सहन करने वाले प्रेम में संघर्ष हो उठता है।

"यह जीवन का वरदान, मुझे
दे दो रानी अपना दुलार!
केवल मेरी ही चिन्ता का
तब चित्त वहन कर रहे भार।"

—ईर्ष्या सर्ग, पृष्ठ 148

मनु का अहं इतना बढ़ा हुआ है कि वह अपने बिना श्रद्धा को सुखी नहीं देख सकता। पुत्र और पति की प्रतिद्वन्द्विता का उल्लेख आजकल के मनोविश्लेषण शास्त्र में आता है। किन्तु यहाँ पर यह पूर्णतया व्यक्त हो गया है—

"तुम फूल उठोगी लतिका-सी
कम्पित कर सुख सौरभ तरंग;
मैं सुरभि खोजता भटकूँगा
बन-बन बन कस्तूरी कुरंग।"

—ईर्ष्या सर्ग, पृष्ठ 153

नियति-चक्र : मनु वहाँ से चले जाते हैं किन्तु श्रद्धा से पृथक् होते ही उनको पश्चात्ताप और विषाद घेर लेता है। वे अपने को नियति-चक्र का शिकार पाते हैं। यह भी प्रसादजी अभिमत विषयों में से है—

"इस नियति नटी के अति भीषण अभिनय की छाया नाँच रही
खोखली शून्यता में प्रति पद असफलता अधिक कुलाँच रही
पावस रजनी में जुगुनूगण को दौड़ पकड़ता मैं निराश
उन ज्योति कणों का कर विनाश।"

—इड़ा सर्ग, पृष्ठ 158

इड़ा का आकर्षण : मनु को श्रद्धा के छोड़ने के लिए काम भी बहुत फटकारता है *'तुम भूल गये पुरुषत्व मोह से कुछ सत्ता है नारी की'* और शाप भी देता है। यहाँ पर मनु श्रद्धा के हृदय-पक्ष से हट कर इड़ा के बुद्धि-पक्ष की छाया में आते हैं। इड़ा सारस्वत देश, जो बुद्धि का प्रतीक है और जिसमें देवताओं और दानवों का युद्ध हो चुका है, की रानी है। वह कर्म और विचार की अधिष्ठात्री देवी है। उसका रूप ही तर्कमय और ज्ञानमय था—

"बिखरीं अलके ज्यों तर्क जाल

× × ×

वक्षस्थल पर एकत्र धरे संसृति के सब विज्ञान ज्ञान
था एक हाथ में कर्म कलश बसुधा जीवन रस सार लिए
दूसरा विचारों के नभ को था मधुर अभय अलम्ब दिये।"

—इड़ा सर्ग, पृष्ठ 168

सभ्यता की तीन श्रेणियाँ : इड़ा मनु को सारस्वत देश का राज करने को कहती है। इड़ा के साथ रहने से मनु की अध्यक्षता में विज्ञान-प्रधान सभ्यता का विकास होता है। कामायनी में सभ्यता की तीनों श्रेणियाँ आ जाती हैं। स्वयं मनु मृगया वाली सभ्यता के पोषक थे। श्रद्धा कृषि और पशु-पालन की सभ्यता के पक्ष में थी। इड़ा के संयोग से मनु, विज्ञानप्रधान सभ्यता के जन्मदाता बने। बुद्धि के साथ उनको वैभव भी मिला, उसमें दैव-कोप हुआ। मनु वैभव से ही सन्तुष्ट न थे। ये स्वयं इड़ा पर अधिकार जमाना चाहते थे।

विद्रोह : वृद्धि का दुरुपयोग विनाश का कारण बनता है। मनु की प्रजा विद्रोह करने लगी और युद्ध छिड़ गया। मनु अपनी दी हुई वैज्ञानिक सभ्यता का अहसान जतलाते हैं। उनकी प्रजा उस सभ्यता का तिरस्कार कर उत्तर देती है—

"हम संवेदन शील हो चले यही मिला सुख,
कष्ट समझने लगे बना कर निज कृत्रिम दुख!
प्रकृति शक्ति तुमने यन्त्रों से सब की छीनी,
शोषण कर जीवनी बना दी जर्जर झीनी।"

—संघर्ष सर्ग, पृष्ठ 199

इस उत्तर में गाँधीवाद के सरल प्राकृतिक जीवन का पक्ष लिया है। मनु संग्राम में आहत होकर मूर्च्छित हो जाते हैं।

श्रद्धा का पुनरागमन : श्रद्धा इस सब व्यापार को स्वप्न में देख चुकी थी। वह अपने पुत्र मानव को साथ लेकर मनु की खोज में चल दी। श्रद्धा सारस्वत देश में पहुँचकर इड़ा को मनु की विफलता पर सहृदयतापूर्ण विचार करती हुई पाती है। मनु श्रद्धा और कुमार को देखकर कृतज्ञता से भर गये और उससे इड़ा की छाया से बाहर ले जाने के लिए कहने लगे। मनु को श्रद्धा का महत्त्व और उसके प्रेम का मूल्य प्रतीत होने लगा—

"नहीं पा सका हूँ मैं जैसे
जो तुम देना चाह रही,
क्षुद्र पात्र! तुम उसमें कितनी
मधु धारा हो ढाल रही।
सब बाहर होता जाता है।
स्वगत उसे मैं कर न सका,
बुद्धि तर्क के छिद्र हुए थे
हृदय हमारा भर न सका॥"

—निर्वेद सर्ग, पृष्ठ 228

यहाँ पर फिर हृदयवाद की विजय होती है किन्तु मनु मोह के बन्धन में अधिक नहीं रहना चाहते थे।

वे रात्रि में ही भाग निकले। उनके हृदय में पराजय की लज्जा और बदला लेने की अशक्तता काम कर रही थी। श्रद्धा के संयोग हो जाने पर मनुष्य संघर्ष में प्रवृत्त नहीं हो सकता।

इड़ा का पश्चात्ताप : सुबह उठते ही श्रद्धा, इड़ा और कुमार तीनों ही मनु की खोज में निकलते हैं। इड़ा अपने को सबसे अधिक अपराधिनी समझती थी। उसने रास्ते में पश्चात्ताप भरे शब्दों में श्रद्धा से क्षमा याचना की। श्रद्धा ने इड़ा को उसकी न्यूनता बतलायी—

"श्रद्धा बोली, बन विषम ध्वान्त!
सिर चढ़ रही! पाया न हृदय,

× × ×

जीवन धारा सुन्दर प्रवाह,
सत् सतत, प्रकाश सुखद अथाह;
ओ तर्कमयी! तू गिने लहर'',

—दर्शन सर्ग, पृष्ठ 241

'सिर चढ़ि' में अभिधा और लक्षणा के अर्थों का बड़ा सुन्दर समन्वय हुआ है। बुद्धि मस्तिष्क में रहती है। यहाँ पर प्रसादजी ने जीवन-मीमांसा का एक सिद्धान्त श्रद्धा के मुख से कहलाया है। जीवन के रहस्य की प्राप्ति व्योरे (detail) में पड़कर नहीं मिलती। जीवन को उसकी पूर्णता में व्यापक दृष्टि के साथ देखने में हम रस ले सकते हैं। लहरें के गिनने की अपेक्षा हमको उसके पूर्ण प्रवाह का आनन्द लेना चाहिए।

समरसता : श्रद्धा ने यद्यपि इड़ा को फटकार बतलायी थी तथापि वह उसका महत्त्व जानती थी। सच्चा श्रद्धावान विरोध नहीं कर सकता। वह गुण-ग्राहक होता है। इसीलिए कामायनी अपने कुमार को इड़ा के साथ कर देती है। वह जानती थी कि दोनों के साथ रहने में दोनों का ही नहीं वरन् सारी मानव-जाति का कल्याण है।

''हे सौम्य! इड़ा शुचि का दुलार,
हर लेगा तेरा व्यथा भार;
यह तर्कमयी तू श्रद्धामय,
तू मननशील कर कर्म अभय;
इसका तू सब सन्ताप निचय,
हर ले, हो मानव भाग्य उदय;
सब की समरसता कर प्रचार,
मेरे सुत! सुन माँ की पुकार।''

—दर्शन सर्ग, पृष्ठ 244

श्रद्धा भी कर्म के विरुद्ध नहीं है किन्तु वह विषमता उत्पन्न करने वाले कर्म नहीं चाहती। वह सब प्राणियों की समरसता की इच्छुक है। समरसता शैव दर्शन का शब्द है। शैव्य अद्वैतवादी दर्शन है। अद्वैतवाद में विषमता को स्थान नहीं।

श्रद्धा का सहारा : इड़ा और मानव को विदा करके, श्रद्धा ने मनु को नदी के एकान्त कूल पर लेटा हुआ पाया। श्रद्धा उनको सहारा और प्रोत्साहन दे, उस उच्च शिखिर पर ले जाती है, जहाँ महा हिम का धवल हास उल्लसित होकर स्वयं नृत्य करते हुए नटराज की मूर्ति बन रहा था। बिना श्रद्धा के मनुष्य को भगवान के दर्शन नहीं मिलते और दर्शन मिलकर ही रहस्य का उद्घाटन होता है, हृदय की ग्रन्थि खुल जाती है और आनन्द की प्राप्ति होती है।

समन्वय की ओर : मनु के चरण शिथिल हो जाने पर भी श्रद्धा उन्हें और भी उच्च भूमि पर ले जाती है। वहाँ मनु को तीन बिन्दु दिखाई दिये—

"त्रिदिक विश्व, आलोक विन्दु भी
तीन दिखाई पड़े अलग वे;
त्रिभुवन के प्रतिनिधि थे मानो
वे अनमिल थे किन्तु सजग थे।"

—रहस्य सर्ग, पृष्ठ 261

ये विन्दु इच्छा, क्रिया और ज्ञान के थे। ये अलग-अलग थे। इच्छा का रंग तो भावमूलक होने के कारण लाल था। कर्म का रंग कठिन लोह-शृंखला से सम्बन्ध होने के कारण काला और ज्ञान का रंग श्वेत कहा है। यही स्वर्ण, लेह और रजत के रंग हैं। श्रीमद्भागवत में मय दावन तीन के रथों का उल्लेख है। वे रथ सोने, चाँदी और लोहे के थे। वे इतने बड़े थे कि पुर से दिखलाई पड़ते थे—*'स निर्माय पुरस्तिस्रो हेमीरौप्यायसी विभुः'* इसी से ज्ञान, इच्छा और क्रिया के वृत्तों को मिल जाने को त्रिपुरदाह कहा है।

इच्छा लोक : श्रद्धा इच्छा लोक का इस प्रकार परिचय देती है—

"वह देखो रागारुण है जो
ऊषा के कन्दुक-सा सुन्दर;
छायामय कमनीय कलेवर
भावमयी प्रतिमा का मन्दिर।"

—रहस्य सर्ग, पृष्ठ 262

"चिर-वसन्त का यह उद्गम है
पतझर होता एक ओर है;
अमृत हलाहल यहाँ मिले हैं
सुख दुख बँधते, एक डोर हैं।"

—रहस्य सर्ग, पृष्ठ 265

कर्म लोक : कर्म लोक का नीचे के शब्दों में परिचय दिया गया है—

"कर्म-चक्र सा घूम रहा है
गह गोलक, बन नियति प्रेरणा;
सबके पीछे लगी हुई है
कोई व्याकुल नयी एषणा।
श्रममय कोलाहल, पीड़न मय
विकल प्रवर्त्तन महायन्त्र का;
क्षण भर भी विश्राम नहीं है
प्राण दास है क्रिया तन्त्र का।"

—रहस्य सर्ग, पृष्ठ 266

ज्ञान लोक : ज्ञान-क्षेत्र के विषय में श्रद्धा मनु को इस प्रकार बतलाती है—

"प्रियतम! यह तो ज्ञान क्षेत्र है
सुख दुख से है उदासीनता;
यहाँ न्याय निर्मम, चलता है
बुद्धि चक्र, जिसमें न दीनता।"

—रहस्य सर्ग, पृष्ठ 269

"यहाँ प्राप्य मिलता है केवल
तृप्ति नहीं, कर भेद बाँटती;
बुद्धि, विभूति सकल सिकता-सी
प्यास लगी है ओस चाटती!"

—रहस्य सर्ग, पृष्ठ 270

भाव लोक : भाव लोक में सब सुख दुख एक साथ बँध जाते हैं। कर्म लोक में नियति-चक्र चलता है जिसमें मनुष्य परवश हो जाता है किन्तु अपनी मूढ़ता के कारण अपने को कर्ता मानता है (कर्ताऽहं मन्यते)।

"अन्ध प्रेरणा से परिचालित
कर्ता में करते निज गिनती।"

—रहस्य सर्ग, पृष्ठ 268

ज्ञान में भेद और विवेक रहता है। यहाँ पर ब्योरे की ओर ज्यादा ध्यान दिया जाता है। यहाँ प्राप्य मात्र मिलता है किन्तु भावलोक की-सी तृप्ति नहीं। यद्यपि इड़ा में ज्ञान और कर्म का योग दिखाया गया था और श्रद्धा में भाव और कर्म का तथापि यहाँ पर उनको अलग दिखाकर तीनों के पृथक् और स्वतन्त्र रहने की अपूर्णता बतलायी गयी है। समन्वय की आवश्यकता तभी समझ में आती है जब उनके पृथक् रहने का दोष समझ में आ जाय।

"ज्ञान दूर कुछ, क्रिया भिन्न है
इच्छा क्यों पूरी हो मन की;
एक दूसरे से न मिल सके
यह विडम्बना है जीवन की।"

—रहस्य सर्ग, पृष्ठ 272

श्रद्धा का अस्तित्व चमत्कारिक : श्रद्धा भी यद्यपि भावनावृत्ति है तथापि जिस अंश में तीनों के समन्वय के लिए भावना की आवश्यकता है उस अंश में वह अलग रखी गयी है। समन्वय कराने वाला कोई अलग ही होता है। मनुष्य श्रद्धामय होकर दोनों का समन्वय कर सकता है और तीनों के समन्वय में ही आनन्द और कल्याण की प्राप्ति होती है, श्रद्धा की स्मिति-रेखा से तीनों बिन्दु मिल जाते हैं—

"महा ज्योति रेखा-सी बनकर
श्रद्धा की स्मिति दौड़ी उनमें;

वे सम्बद्ध हुए फिर सहसा
जाग उठी थी ज्वाला जिनमें।"

—रहस्य सर्ग, पृष्ठ 273

"स्वप्न, स्वाप, जागरण भस्म हो
इच्छा क्रिया ज्ञान मिल लय थे;
दिव्य अनाहत पर निनाद में
श्रद्धायुत मनु बस तन्मय थे।"

—रहस्य सर्ग, पृष्ठ 273

पूर्ण समन्वय : मनु श्रद्धा के साथ अकेले नहीं रह पाते। फिर तो पूर्ण समन्वय न होता। इड़ा भी वहाँ मानव तथा अपनी प्रजा समेत आ जाती है। उनके साथ एक वृषभ भी था जो धर्म का प्रतीक है। धर्म को साथ लेकर हम आनन्द के लोक में पहुँच सकते हैं। आनन्द-लोक को प्राप्त कर धर्म अनावश्यक हो जाता है। वहाँ उसका उत्सर्ग कर दिया जाता है। वहाँ पहुँचकर इड़ा ने श्रद्धा के आगे सिर झुका दिया था, यही हृदयवाद और बुद्धिवाद का समन्वय है—

"भर रहा अंक श्रद्धा का
मानव उसको अपना कर;
था इड़ा शीश चरणों पर
वह पुलक भरी गद्‌गद् स्वर—"

—आनन्द सर्ग, पृष्ठ 286

वैर का शमन : मनु ने भी उदारतापूर्वक इड़ा से अपना वैर भाव दूर कर दिया और कहने लगे—

"हम अन्य न और कुटुम्बी
हम केवल एक हमीं हैं;
तुम सब मेरे अवयव हो
जिसमें कुछ नहीं कमी है।
शापित न यहाँ है कोई
तापित पापी न यहाँ है;
जीवन वसुधा समतल है
समरस है जो कि जहाँ है।"

—आनन्द सर्ग, पृष्ठ 287-288

"सब भेद भाव भुलवा कर
दुख सुख को दृश्य बनाता;
मानव कह रे! 'यह मैं हूँ'
यह विश्व नीड़ बन जाता।"

—आनन्द सर्ग, पृष्ठ 289

आनन्द की झलक : जहाँ ऐसे उदार भावों की जाग्रति हो जाय वहाँ जीवन में आनन्द ही आनन्द दिखाई पड़ता है। सारी प्रकृति एक अलौकिक आह्लाद से स्पन्दित हो जाती है। उस दशा को प्रसादजी ने इस प्रकार वर्णन किया है–

"चिरमिलित प्रकृति से पुलकित
वह चेतन पुरुष पुरातन;
निज शक्ति तरंगायित था
आनन्द-अम्बु-निधि शोभन!"

–आनन्द सर्ग, पृष्ठ 286

"मांसल-सी आज हुई थी
हिमवती प्रकृति पाषाणी;
उस लास रास में विह्वल
थी हँसती-सी कल्याणी।

× × ×

समरस थे जड़ या चेतन
सुन्दर साकार बना था;
चेतनता एक विलसती
आनन्द अखण्ड घना था।"

–आनन्द सर्ग, पृष्ठ 294

प्रसादजी ने वर्तमान रहस्यवाद के सम्बन्ध में कहा है कि इसमें अपरोक्ष अनुभूति समरसता तथा प्राकृतिक सौन्दर्य के द्वारा अहं का इदं से समन्वय करने का सुन्दर प्रयत्न है। उपर्युक्त पंक्तियों में अहं और इदं का समन्वय है और उसी के साथ जड़ और चेतन की समरसता तथा उससे उत्पन्न होने वाले आनन्द का उद्घाटन। कामायनी का अन्तिम दृष्य रहस्यवाद का अच्छा उदाहरण है।

प्रसादजी शैव मत के अनुयायी थे जिसमें आनन्द को विशेष महत्त्व दिया गया है। प्रसादजी का कथन है कि आर्य लोग आनन्दवाद के मानने वाले थे। उनके हृदय में जीवन का उल्लास था जो यज्ञों में उद्वेलित हो उठता था। जो आर्य लोग इस आनन्दवाद से सहमत न हो सके वे व्रात्य कहलाये। वे तर्कवाद की ओर गये और आशावादी बने।

रहस्यवाद की व्याख्या : कामायनी के समझने में प्रसादजी के रहस्यवाद शीर्षक लेख से दिया हुआ नीचे का उद्धरण विशेष रूप से सहायक होगा–

"उपनिषद में आनन्द की प्रतिष्ठा के साथ प्रेम और प्रमोद की भी कल्पना हो गयी थी जो आनन्द सिद्धान्त के लिए आवश्यक है। इस तरह जहाँ एक ओर भारतीय आर्य व्रात्यों में (जिनमें बौद्ध, जैन आदि सम्मिलित हैं) तर्क के आधार पर विकल्पात्मक बुद्धिवाद का प्रचार हो रहा था, वहाँ प्रधान वैदिक धारा के अनुयायी

आर्यों में आनन्द का सिद्धान्त भी प्रचारित हो रहा था। वे कहते थे– *'नायमात्मा अवचनेन लभ्यो न मेधया न बहुना श्रुते न'* (मुराडक)।

'नैषा तकेण मतिरा मने' या (कठ) आनन्दमय आत्मा की उपलब्धि विकल्पात्मक विचारों और तर्कों से नहीं हो सकती।

शैवमत : कामायनी में आर्यों के इसी मान्य सिद्धान्त की स्थापना की गयी है। इस आनन्दवाद में तप द्वारा इन्द्रियों को कष्ट देने की आवश्यकता नहीं और न मन के निग्रह की, क्योंकि शैवागमों के अनुयायी सारे विश्व को शिवमय मानते हैं फिर मन शिव को छोड़ कर जायगा कहाँ? बाहर-भीतर आनन्दघन शिव के अतिरिक्त दूसरा कौन-सा स्थान है।

इस प्रकार कामायनी में प्रसादजी के सभी मान्य सिद्धान्तों का समावेश हुआ है और इसमें उनकी कला की अन्तिम परिणति है।

आँसू की प्रेम-मीमांसा

परस्परानुकूलता : प्रसादजी का आँसू नाम का छोटा-सा काव्य अपने आकार को लघुता एवं घनीभूत पीड़ा की रसमयी अभिव्यक्ति के कारण भौतिक आँसू का ही प्रतिरूप है। आँसू की भाँति इसके आदि में विषम वेदनामयी जलन है और अन्त में ममत्व-परत्व के द्वन्द्वों से ऊँचा उठाकर सुख-दुख का मेल कराने वाली उपेक्षा पूर्ण मंगलमयी शान्ति की रसवृष्टि है।

स्मृति का आधार : आँसू विरह-प्रधान काव्य है किन्तु इसका विषय वर्तमान विरह नहीं है वरन् इसका सम्बन्ध विगत विरह की मधुस्मृति तथा उसी ज्वाला को उपशमन करने वाली जीवन-मीमांसा से है। कष्ट की वर्तमान अवस्था में रस नहीं रहता, वह लौकिक अनुभव की ही कोटि में आता है। वर्ड्सवर्थ ने कविता को विगत मनोरागों का सावकाश स्मरण कहा है–'Poetry is emotion recollected at leasure'। यह विरह स्मृतिपरक होने के कारण कम तीव्र नहीं है क्योंकि अभिलाषाएँ इन स्मृतियों को जागरित कर तीव्रता प्रदान करती रही हैं। इस प्रकार इस विरह-निवेदन में वास्तविकता और स्मृति दोनों का ही समिश्रण है।

"अभिलाषाओं की करवट,
फिर सुप्त व्यथा का जगना
सुख का सपना हो जाना
भीगी पलकों का लगना।"

–अष्टम संस्करण, पृष्ठ 11

पूर्वानुभूत सुख एवं विरह-जन्य दुख की स्मृतियाँ मिलकर कवि के मन पर एक गहरा प्रभाव डालती हैं और वही घनीभूत पीड़ा अपने क्लिष्ट अर्थ को सार्थक करती हुई (केन्द्रीभूत और मेघस्वरूप) आँसू के रूप में बरस पड़ती है–

"जो घनीभूत पीड़ा थी
मस्तक में स्मृति-सी छाई
दुर्दिन में आँसू बनकर
वह आज बरसने आयी।"

–पृष्ठ 14

यहाँ तो स्मृति उपमन रूप में ही आयी है किन्तु इस काव्य का उदय स्मृतियों से ही हुआ है। वे स्मृतियाँ मिलन और विरह से सम्बन्ध रखती हैं और प्रकाशमयी हैं। वे जलन की भी स्मारक हैं और मिलन की भी।

"बस गयी एक बस्ती है
स्मृतियों की इसी हृदय में

—पृष्ठ 9

× × ×

इस ज्वालामयी जलन के
कुछ शेष चिह्न हैं केवल
मेरे उस महामिलन के।"

—पृष्ठ 9

अग्नि और चन्द्रिका : आँसू में केवल विरह-निवेदन ही नहीं है और न इसका अन्त भौतिक मिलन में है वरन् इसमें एक जीवन मीमांसा और तत्त्व चिन्तन भी है जिसके आलोक में वेदना वैयक्तिक बन्धनों से मुक्त होकर एक दिव्य आभा धारण कर लेती है और कवि-सौन्दर्य के एक मानसिक आदर्श में मग्न होकर एक उपेक्षामय शान्ति प्राप्त करता है। इस प्रकार आँसू के लौकिक और अलौकिक दोनों ही पक्ष हैं।

प्रसादजी ने केवल उस अन्तर्ज्वाला के ही दर्शन नहीं कराये हैं जो विश्वमन्दिर के मणिदीप सदृश तारकों की झिलमिल छाया में भी निरन्तर जलती रहती है वरन् उस चन्द्रिका की भी ललित-कलित झाँकी दिखलायी है जो कामना द्वारा इस अग्नि को प्रदीप्त रखती है—

"सौन्दर्य सुधा बलिहारी
चुगता चकोर अंगारे॥"

—पृष्ठ 3

प्रसादजी ने सौन्दर्य-सम्पन्न प्रेम-पात्र के साथ मिलने के उस पीयूष प्रभाव का भी जो जीवन को सभ्यता प्रदान करता है, दिग्दर्शन कराया है।

प्राचीन ढंग : प्रसादजी ने उस सौन्दर्य का वर्णन कुछ-कुछ प्राचीन कवियों के ढंग का ही किया है, देखिए—

"चंचला स्नान कर आवे
चन्द्रिका पर्व जैसी
उस पावन तन की शोभा
आलोक मधुर थी ऐसी!"

—पृष्ठ 24

इस पद्य में हमको तुलसीदासजी के *'जो छवि सुधा पयोनिधि होई। परम रूप*

मय कच्छप सोई॥' से प्रारम्भ होने वाले रूपकमय सौन्दर्य-वर्णन का वर्तमानकालीन रूप मिलता है।

सार्थक अलंकार : इस सौन्दर्य के वर्णन में प्रसादजी ने अलंकारों का जो प्रयोग किया है वह उनके हृदय की भावना और उमंग का द्योतक है। देखिए–

"लावण्य-शैल राई सा
जिस पर वारी बलिहारी
उस कमनीयता कला की
सुषमा थी प्यारी-प्यारी।"

–पृष्ठ 20

लावण्य-शैल को राई बनाकर एक विरोध का ही चमत्कार नहीं उत्पन्न किया है वरन् उसके प्रयोग को सार्थक बना दिया है। नजर से बचाने के लिए राई-नौन उतारा जाता है। प्रसादजी ने अपने प्रेम-पात्र के वर्णन में जिन अलंकारों का प्रयोग किया है वे बड़े ही सार्थक हैं।

अनुपयुक्तता : प्रसादजी ने कहीं-कहीं किसी अंग के वर्णन में रीतिकालीन कवियों का अनुकरण किया है। साथ ही परम्पराभुक्त उपमानों की अनुपयुक्तता दिखला कर एक प्रकार का आद्‌भुत्य और चमत्कार भी उत्पन्न कर दिया है। देखिए–

"विद्रुम सीपी सम्पुट में
मोती के दाने कैसे?
है हंस न, शुक यह, फिर क्यों
चुगने को मुक्ता ऐसे?"

–पृष्ठ 23

आलम्बन : हमारा उद्‌देश्य प्रसादजी के अलंकार-विधान पर प्रकाश डालना नहीं है वरन् यह कि ऐसे वर्णनों को देखकर प्रश्न होता है कि प्रसादजी के आँसू का आलम्बन कोई हाड़, मांस, चाम का लौकिक व्यक्ति है अथवा उस लौकिक व्यक्ति का अस्तित्व केवल आलंकारिक है और उसके द्वरा अलौकिक प्रेम-पात्र की ओर संकेत किया गया। ऐसे वर्णन तथा कुछ और वर्णनों को (जैस– *'बाँधा था विधु को किसने इन काली जंजीरों से')* देखते हुए यह कहना कठिन है कि आँसू का आलम्बन भौतिक नहीं है। इसके विपरीत कुछ ऐसे भी उदाहरण हैं जिनसे अलौकिक की ओर संकेत है। देखिए–

"छायानट छवि परदे में,
सम्मोहन वेणु बजाता
सन्ध्या कुहकिनि अंचल में
कौतुक अपना कर जाता।"

–पृष्ठ 33

"उस अलस उषा में देखूँ
अपनी आँखों का तारा।"

—पृष्ठ 67

वास्तविक व्यक्ति : कुछ लोगों ने—जैसे रामकुमार वर्मा ने आँसू का आलम्बन वास्तविक माना है और प्रोफेसर नगेन्द्र ने कवि की वासना का प्रतीक रूप। किन्तु आँसू के पढ़ने से मालूम होता है कि इसका आलम्बन तो वास्तविक व्यक्ति ही था फिर विफल वेदना के कारण उसका निराकरण होकर वह सौन्दर्य का आदर्शमात्र रह गया है और विरह भी ममता शून्य होकर मंगलमय हो जाता है। नीचे की पंक्तियों में व्यक्तित्व की ओर स्पष्ट संकेत है। देखिए—

"प्रतिभा में सजीवता-सी
बस गयी सुछवि आँखों में
थी एक लकीर हृदय में
जो अलग रही लाखों में।

—पृष्ठ 20

सांसारिक प्रेम यदि खिलवाड़ नहीं है तो उससे व्यक्ति का ही मान होता है। विरह भी व्यक्ति का ही होता है। विरह ही निर्वैयक्तीकरण की ओर ले जाता है। उद्धव गोपियों को ब्रह्म में मन लगाने का उपदेश देकर उनके आलम्बन का निर्व्यक्तीकरण करना चाहते थे लेकिन यह नहीं हो सका। प्रसादजी का निर्वैयक्तीकरण आत्मचिन्तन का फल है। वैसे भी स्त्री और पुरुषों की भावना की मात्रा में अन्तर रहता है।

भावना और चिन्तन : आँसू में हम भावना और चिन्तन का एक सुखद सम्मिश्रण पाते हैं। भावना चिन्तन के अधीन ही अपनी पूर्ति करती दिखाई देती है। आँसू में प्रसादजी के तीन व्यक्तित्व—प्रेमी, कवि और दार्शनिक—मिले हुए हैं। उनका कवित्व प्रेमी के विरह को बल देता है फिर जब वह विरह चारों ओर भटका लेता है तब उनका कवि दार्शनिक और प्रेमी का मेल कराकर उसे विश्व मंडल की ओर ले जाता है।

प्रसादजी की प्रेम-पद्धति की पृष्ठभूमि में सर्वेश्वरवाद है। वे सर्वेश्वरवाद का अपने लौकिक प्रियतम में भी ईश्वर की ही विभूति आधार देखते हैं—

"गौरव था, नीचे आये
प्रियतम मिलने को मेरे।
मैं इठला उठा अकिंचन,
देखे ज्यों स्वप्न सवेरे।"

—पृष्ठ 17

व्यक्ति और कवि : व्यक्ति और कवि के सहयोग की बात का आभास हमको नीचे की पंक्तियों में मिलता है—

"मैं अपलक इन नयनों से
निरखा करता उस छवि को
प्रतिभा डाली पर लाता
कर देता दान सुकवि को।"

–पृष्ठ 18

पहली दो पंक्तियों में व्यक्ति की ओर संकेत है। अन्तिम दो पंक्तियाँ में प्रतिभा द्वारा कवि की ओर संकेत है।

कवि ने मिलन के आनन्द को भी द्विगुणित कर दिया और विरह पर भी शान चढ़ा दी।

विरह की मनोदशा : प्रसाद नाम के व्यक्ति का प्रियतम चला जाता है। उसके आने और चले जाने के प्रभाव को कवि एक छन्द में कह देता है। उसने जो उपमान चुने हैं वे आश्रय और आलम्बन दोनों से ही सम्बन्ध रखते हैं। *'मादकता से आए तुम, संज्ञा से चले गये थे'* (पृष्ठ 33)। प्रियतम स्वयं मद भरा था और आश्रय पर उसका प्रभाव भी मादकता का-सा था। वे और उनके जाने से आश्रय संज्ञा शून्य हो गया मानो वे स्वयं उसकी संज्ञा-स्वरूप थे। मादकता के आने पर संज्ञा का चला जाना स्वाभाविक है। उसके चले जाने से सारा दृश्य पलट जाता है, *'बिनु गुपाल बैरिन भई कुंजै'* की बात हो जाती है–

"जल उठा स्नेह, दीपक-सा,
नवनीत हृदय था मेरा
अब शेष धूम रेखा से
चित्रित कर रहा अँधेरा।"

–पृष्ठ 30

"नीरव मुरली, कलरव चुप
अलिकुल थे बन्द नलिन में
कालिन्दी वही प्रणय को
इस तममय हृदय पुलिन में।"

–पृष्ठ 31

जहाँ चाँदनी थी वहाँ अन्धकार हो गया। स्वर्गगंगा का स्थान कालिन्दी ने ले लिया और वह भी तममय हृदय-पुलिन में बहती है। विरह-विह्वला करुणा से प्रेम का रंग छूटता नहीं है वरन् और भी गहरा हो जाता है। इस सम्बन्ध में कवि कहता है–

"अब छुटता नहीं छुड़ाए
रँग गया हृदय है ऐसा
आँसू से धुला निखरता
यह रंग अनोखा कैसा।"

–पृष्ठ 37

'ज्यों-ज्यों बूड़े श्याम रंग त्यों-त्यों उज्ज्वल होय' की बात तो नहीं है किन्तु रंग पक्का होने के कारण निखरता ही है, फीका नहीं पड़ता है।

खोज : विरह की इस विषम वेदना में कवि विश्व से परिचय प्राप्त कर लेता है। इसमें कवि का दृढ़ निश्चय और उसकी प्रयत्नशीलता का परिचय मिलता है–

"चमकूँगा धूल कणों में
सौरभ हो उड़ जाऊँगा
पाऊँगा कहीं तुम्हें तो
ग्रह-पथ में टकराऊँगा।"

–पृष्ठ 43

वह चारों ओर भटक आता है, भटकने पर भी कहीं कूल-किनारा नहीं मिलता है। विश्राम की कहीं झलक भी दिखाई नहीं देती–

"वेदना विकल फिर आयी
मेरी चौदहों भुवन में
सुख कहीं न दिया दिखाई
विश्राम कहाँ जीवन में?"

–पृष्ठ 53

कल्पना का सहारा : कवि की कल्पना व्यक्ति को सहारा देती है वह रोयी हुई आँखों में ही निद्रा द्वारा सुख-स्वप्नों में अथवा कवि के काल्पनिक लोक की अलौकिक सुषुमा के रसास्वादन में आशा की किरण की झलक पाता है–

"उच्छ्वास और आँसू में
विश्राम थका सोता है
रोयी आँखों में निद्रा
बनकर सपना होता है।"

–पृष्ठ 53

फिर स्वर्ग-गंगा कालिन्दी और तम का स्थान ले लेती है और उनमें श्वेत कमल खिलने लगते हैं। श्वेतता आशावाद का प्रतीक है। यही प्रसादजी की प्रतीकात्मक शैली है।

विस्मृति : इस विश्राम और स्वप्न का सुख लेने के लिए विस्मृत की मदिरा आवश्यक है। यही विस्मृति और उपेक्षा प्रसादजी की अमृतधारा है। कामायनी में मनु भी निराश हो विस्मृति का आह्वान करते हैं। देखिए–

"विस्मृति समाधि पर होगी
वर्षा कल्याण जलद की।

–पृष्ठ 55

× × ×

सन्ध्या हो सर्ग प्रलय की
विच्छेद मिलन फिर होगा।"

–पृष्ठ 56

ज्वाला का महत्त्व : यह विस्मृति अन्तिम नहीं है। यदि अन्तिम होती तो वह मृत्यु का पर्याय हो जाती। कवि अपने हृदय की ज्वाला को भी जाग्रत रखना चाहता है उसको यह मानवता का सौभाग्य चिह्न (रोली) कहता है और उसमें वह मानवता के कलुष के शमन की आशा देखता है–

"जीवन सागर में पावन
बड़वानल की ज्वाला-सी
यह सारा कलुष जलाकर
तुम जलो अनल बाला-सी।"

–पृष्ठ 61

ज्वाला का शान्त होना, प्रगति का चिह्न है। वेदना में पावन प्रभाव को प्रसादजी स्वीकार करते हैं। वह जीवन को गति देने के लिए आवश्यक है। इसके साथ एक जीवन-मीमांसा का भी अनुमान है जो विस्मृति की औषधि से कहीं अधिक महत्त्व रखता है और वह सर्वथा भारतीय संस्कृति के अनुकूल भी है।

जीवन मीमांसा : इस मीमांसा के दो अंग हैं। एक प्रेमपात्र का निर्वैयक्तीकरण (जिसका उपदेश उद्धव ने गोपियों को दिया था) और दूसरा ममत्व का त्याग–इस मीमांसक प्रसाद का, दार्शनिक व्यक्ति का सहायक होता है। जैसा ऊपर कहा गया है, प्रसादजी के प्रेम का आधार सर्वेश्वरवाद है। वे निराशा के ध्वंस चिता से अपने में सोयी हुई विश्वात्मा को जगाते हैं और फिर जीवन में रस लेकर विश्वमंगल की कामना करते हैं। देखिए–

"जिसके आगे पुलकित हों
जीवन है जिसकी भरता
हाँ मृत्यु नृत्य करती है
मुसक्याती खड़ी अमरता॥"

–पृष्ठ 64

"वह मेरे प्रेम विहँसते
जागो, मेरे मधुवन में
फिर मधुर भावनाओं का
कलरव हो इस जीवन में॥"

–पृष्ठ 64

काल्पनिक आदर्श : अपनी सौन्दर्य-विपासा की तृप्ति के लिए कवि एक काल्पनिक आदर्श उपस्थित कर लेता है। उसी की मानसिक पूजा में वह मग्न हो जाना चाहता है–

"जिसमें इतराई फिरती
नारी - निसर्ग - सुन्दरता
छलकी पड़ती हो जिसमें
शिशु की उर्मिल निर्मलता।"

—पृष्ठ 68

शिशु की निर्मलता को मिलाकर सौन्दर्योपासना को सात्त्विक बना दिया है। उसी को वे अपनी मानव-पूजा का प्रतीक बनाना चाहते हैं। देखिए—

"मेरी मानस पूजा का
पावन प्रतीक अविचल हो।"

—पृष्ठ 68

महत्त्व का त्याग : इस मीमांसा का दूसरा अंग है—ममत्व के त्याग द्वारा सुख-दुःख का मेल। यह अहंकार ही तो दुख का कारण है। इसके त्याग से दुःख सुख नहीं रहता। कवि जीवन में दुःख-सुख को मिला हुआ मानता है। तुलसीदासजी ने भी इसी संसार में पाप-पुण्य, दिन-रात का सम्मिश्रण माना है। कवि मन में सुख-दुःख को मिले हुए प्रेम के साथ मन मन्दिर में सोते हुए देखता है—

"लिपटे सोते थे मन में
सुख दुख दोनों ही ऐसे
चन्द्रिका अँधेरी मिलती
मालती कुंज में जैसे।"

—पृष्ठ 48

दुख-सुख का संघर्ष : किन्तु बाह्य-जगत् में दुःख और सुख का कुछ संघर्ष दिखाई देता है। दुःख पृथ्वी के ही बाँट पड़ा है। कवि दुःख को संसार में व्याप्त देखता है और पृथ्वी में दुःख का आरोप भी करता है। सागर का खारा पानी उसके आँसुओं का ही पुंजीभूत रूप है—

"नीचे विपुला धरणी है।
दुख भार वहन-सी करती
अपने खारे आँसू से
करुणा सागर को भरती।"

—पृष्ठ 48

दुःख और सुख के सम्बन्ध में अभिलाषाओं और वास्तविकता में अन्तर दिखाई पड़ता है। *'धरणी दुख माँग रही है, आकाश छीनता सुख को'*। जब आकाश सुख को छीन लेता है तब दुःख को अपनान के सिवा रह ही क्या जाता है। सुख के लिए भी कवि दुःख को आवश्यक समझता है। एक दुःख दूसरे के सुख का कारण बन जाता है—

"उनका सुख नाच उठा है
यह दुख-द्रुम-दल हिलने से
शृंगार चमकता उनका
मेरी करुणा मिलने से।"

—पृष्ठ 50

करुणा की अपेक्षा : दुःख आवश्यक है। सौन्दर्य के लिए भी करुणा की अपेक्षा है। दुःख भी तीव्रता और कटुता ममता के ही कारण है। जब कवि यह गाता है कि *'घर-घर में दिवाली है मेरे घर में अँधेरा'* तब इस विवेचना के कारण उसका अहंभाव ही होता है। यदि वह अहंभाव मिट जाय तब दुःख की तीव्रता और कटुता जाती रहती है—

"हो उदासीन दोनों से
दुख सुख से मेल करायें
ममता की हानि उठाकर
दो रूठे हुए मनाएँ।"

—पृष्ठ 50

उपसंहार : आँसू का आरम्भ वेदना से होता है। और अन्त अश्रु-हास से मिली हुई जीवन को हरियाली देने वाले वर्षों से होता है। इसके काव्य के आदि में प्रेम का लौकिक पक्ष है और अन्त में उसके अलौकिक रूप की झाँकी मिलती है। लेकिन उसको वहाँ तक पहुँचने में निराशा और वेदना का पथ पार करना पड़ता है। लौकिक प्रेम का अनुभव अलौकिक प्रेम को मानवता प्रदान करता है। कवि अपने अहंकार की हानि कर उस रसभूमि सृष्टि में पहुँच जाता है, जहाँ आनन्द ही आनन्द है। इसी अवस्था की कल्पना करता हुआ आशा करता है—

"हे जन्म-जन्म के जीवन
साथी संसति के दुख में
पावन प्रभात हो जावे
जागो आलस के सुख में
जगती का कलुष अपावन
तेरी विदग्धता पावे
फिर निखर उठे निर्मलता
यह पाप पुण्य हो जावे॥"

—पृष्ठ 74

पन्तजी की उत्तरा का युग सन्देश

भाव और विचार : यद्यपि कविता को रसात्मक वाक्य कहा गया है तथापि उसमें कोरी शक्कर के शर्बत का मिठास मात्र नहीं, उसमें फलों के रस के पौष्टिक तत्त्व भी रहते हैं। रस में पानी की तरह की ही शक्ति नहीं होती वरन् उसमें पोषक तत्त्वों का सार और संजीवनी शक्ति भी रहती है। नवीन कविता में भावुकता अवश्य है किन्तु उसमें विचारों की प्रेरणा बढ़ती जाती है। कुछ लोग विचारों को कविता के लिए भार-स्वरूप समझते हैं किन्तु आज का कवि उन विचारों को कल्पना और कला के पर देकर जड़ भार होने से बचाए रखता है। विचारों का गुरुभार भी स्वप्नों की भाँति हलका बन जाता है और विचारों का भार प्राचीन काल के जड़ अलंकारों के भार से कहीं अधिक मधुर और श्रेयस्कर है। मनुष्य में हृदय और मस्तिष्क दोनों रहते हैं। आज का कवि हृदय की सरसता के साथ विचार की भी पौष्टिक सामग्री देता है। इसी को अपने यहाँ कान्ता का-सा प्रेम-पूर्वक उपदेश कहा है। साहित्य *'हित मनोहारि च दुर्लभ वचः'* को सुलभ बनाता है—वह श्रेय को प्रेय रूप देता है। श्रेय और विचार से खाली साहित्य खोखला और सारहीन है, वह कोरी खाँड़ का भी नहीं सक्रीन का शर्बत है और विचारपूर्ण साहित्य सद्य, शुद्ध और गुणकारक सात्त्विक बनोषधियों से बना हुआ पौष्टिक अवलेह है।

प्राची का अरुणोदय : श्री सुमित्रानन्दन पन्त उन्हीं विचारक कवियों में से हैं जिन्होंने युग की समस्याओं का अध्ययन कर उनको अपने काव्य में मुखरित किया है। वे भारत के नवजागरण से प्रभावित हुए हैं। उन्होंने भारत के आध्यात्मिक मिशन को पहचाना है और उसको पश्चिम के जीवन-सौष्ठव का पूरक माना है। उन्होंने प्राची के अरुणोदय में भू के तम-नाश की सम्भावना देखी है।

''पश्चिम का जीवन-सौष्ठव हो विकसित विश्व तन्त्र में वितरित,
प्राची के नव आत्मोदय से स्वर्ण द्रवित भू तमस तिरोहित॥''

—स्वर्ण किरण

वीणा काल का प्राकृतिक सौन्दर्य : पन्तजी वीणा और पल्लव की कविताओं में तो सौन्दर्योपासक के रूप में आते हैं किन्तु उस बाह्य सौन्दर्य में भी एक नित्य जगत् की ओर संकेत है। पन्तजी लिखते हैं—''वीणा काल के प्राकृतिक सौन्दर्य का

सहवास पल्लव की रचनाओं में भावना के सौन्दर्य की माँग बन गया है, प्राकृतिक रहस्य की भावना ज्ञान की जिज्ञासा में परिणत हो गयी है।'' परिवर्तन शीर्षक कविता में दार्शनिक चिन्तन का सूत्रपात होता है। उसमें अनित्य में नित्य और अनेकता में एकता देखने और स्थैर्य के प्रति विद्रोह की भावना की झलक मिलती है। युगान्त में नित्य सत्य की भावना और भी मुखरित हो उठती है और उसमें कवि जीवन के भीतर नित्य जगत के सौन्दर्य को देखने लगता है–

''सुन्दर जीवन का क्रम रे सुन्दर सुन्दर जन जीवन''

दो धाराएँ : 'ज्योत्सना' में उनके विचार और भी स्पष्ट होते हैं और उसमें विचार की द्विविध धारा के दर्शन मिलते हैं–एक समदिक्वर्तिनी जो अपने चारों ओर देखती है (इसमें भेद-बुद्धि अधिक रहती है) और दूसरी उर्द्धगामिनी, जो ऊपर उठ कर देखती है, इसमें ऐक्य और आध्यात्मिकता का प्राधान्य रहता है। इन दोनों धाराओं का नवीन सामजिकता (मानवता) में समन्वय हुआ है। पहली प्रवृत्ति (समदिक्ता) का विशेषीकरण युगवाणी और ग्राम्या में मिलता है, दूसरी का दर्शन उनके स्वर्ण-साहित्य में, अर्थात् स्वर्णधूलि और स्वर्णकिरण में। इन दोनों पुस्तकों में भी समन्वय-बुद्धि उनके साथ रही है। वे लिखते हैं–ग्राम्या और युगवाणी में यदि ऊर्ध्व मानों का धरातल पर समन्वय हुआ है तो स्वर्णकिरण और स्वर्णधूलि में समतल मानों का ऊर्ध्व धरातल पर। उत्तरा में इन धाराओं का संगम है, इस संगम में दोनों धाराओं को पूर्ण महत्त्व मिला है।

उत्तरा को समझाने के लिए सबसे अच्छी व्याख्या पन्तजी द्वारा लिखी हुई भूमिका है– *'तसनीफ रा मुसनिफ़् नेको कुनद बयाँ'* अर्थात् कृति की व्याख्या स्वयं लेखक ही अच्छी तरह कर सकता है। पन्तजी की भूमिका का सार इस प्रकार है।

प्रगतिवाद के सम्बन्ध में विचार : प्रगतिवाद के सम्बन्ध में पन्तजी लिखते हैं–''वे आलोचक अपने सांस्कृतिक विश्वासों में मार्क्सवादी ही नहीं, अपने राजनीतिक विश्वासों में कम्युनिस्ट भी हैं। मैं मार्क्सवाद की उपयोगिता एक व्यापक समतल सिद्धान्त की तरह स्वीकार कर चुका हूँ किन्तु सांस्कृतिक दृष्टिकोण से उसके रक्तक्रान्ति और वर्गयुद्ध के पक्ष को मार्क्स के युग की सीमाएँ मानता हूँ।'' कहने का तात्पर्य यह है कि वे मार्क्सवाद के समता के लक्ष्य को मानते हैं किन्तु मार्क्सवाद ने जो वर्गयुद्ध (पूँजीपतियों और सर्वहारा का युद्ध) और रक्तक्रान्ति का प्रचार किया है उनको वे मार्क्स के युग की सीमाएँ मानते हैं। पन्तजी मार्क्सवाद के जनतावाद को बाह्य रूप मात्र समझते हैं। उसकी पूर्ति वे भारतीय दर्शन के एकात्मवाद की अन्तदृष्टि से करना चाहते हैं। और वर्ग संघर्ष और रक्तक्रान्ति को आवश्यक नहीं समझते हैं। वे गाँधीवाद के अहिंसात्मक साधनों को अधिक महत्त्व देते हैं।

मानववाद : भारतीय दर्शन के सम्बन्ध में योगी अरविन्द और परिव्राजक

विवेकानन्द से अधिक प्रभावित हैं। इस सम्बन्ध में पन्तजी के विचार उनकी भाषा में नीचे उद्धृत किये जाते हैं–

"अपने युग को मैं राजनीतिक दृष्टि से जनतन्त्र का युग और सांस्कृतिक दृष्टि से विश्व मानवता या लोक मानवता का युग मानता हूँ।...मेरा दृढ़ विश्वास है कि केवल राजनीतिक, आर्थिक हलचलों की बाह्य सफलताओं द्वारा ही मानव जाति के भाग्य (भावी) का निर्माण नहीं किया जा सकता। इस प्रकार के सभी आन्दोलनों को परिपूर्णता प्रदान करने के लिए संसार में एक व्यापक सांस्कृतिक आन्दोलन को जन्म लेना होगा जो मानव-चेतना को राजनीतिक, आर्थिक, मानसिक तथा आध्यात्मिक सम्पूर्ण धरातलों में मानवीय सन्तुलन तथा सामंजस्य स्थापित कर आज के जनवाद को विकसित मानववाद का स्वरूप दे सकेगा।"

पन्तजी प्रगतिवाद की मान्यताओं के साथ वर्ग-युद्ध को भारत के लिए अनावश्यक और हानिकारक समझते हुए भी एक आवश्यक बुराई के रूप में स्वीकार करने को तैयार हो सकते हैं किन्तु सुधार और जागरण के प्रयत्नों को भी जिनको प्रगतिवाद प्रतिगामी, सामन्तशाही और पूँजीवाद का छल तथा शराब की-सी अस्वस्थ मादकता उत्पन्न करने का साधन समझता है, अपनाने को उत्सुक है। वे कवि और अन्तर्द्रष्टा हैं। वे कोलाहल और विक्षोभ को जनजीवन के संगीत में बदलना चाहते हैं। उनका विश्वास है कि...'विक्षोभ के आर्तनाद तथा क्रान्ति की क्रुद्ध ललकार को मनुष्यता की पुकार में बदला जा सकता है एवं क्रान्ति के भीतरी पक्ष को भी सचेष्ट कर उसे परिपूर्ण बनाया जा सकता है...मैं जनवाद को राजनीतिक संस्था या तन्त्र के बाह्य रूप में ही न देख कर भीतरी प्रजात्मक मानव चेतना के रूप में भी देखता हूँ। मैं युग संघर्ष का एक सांस्कृतिक पक्ष भी मानता हूँ जो जनयुग की धरती से ऊपर उठकर उसकी ऊपरी (उच्च) मानवता की चोटी को अपने फड़कते हुए पंख से स्पर्श करता है।' वे जनवाद प्रतिपादित साम्यवाद की समता को क्रान्तिमय स्टीम रोलर से नहीं लाना चाहते हैं, उसमें जनवाद भी दब-सा जाता है वरन् उच्च मानवता के आदर्शों से उसे सम्पन्न और सरस बनाना चाहते हैं। वे लोक-संगठन के साथ मनः संगठन भी चाहते हैं। 'मेरा विनम्र विश्वास है कि लोक संगठन तथा मनः संगठन एक दूसरे के पूरक हैं, क्योंकि वे एक ही युग-चेतना के बाहरी और भीतरी रूप हैं।'

यन्त्र का मानवीकरण : आजकल का युग यन्त्र युग है, तभी यन्त्र की अन्धवृत्तियाँ अपना घातक चक्र चलाती ही रहती हैं। पन्तजी यन्त्र का मानवीकरण चाहते हैं। उनको इस बात का दुःख है कि हम अभी यन्त्र का मानवीकरण नहीं कर सके हैं, उसे मानवीय तथा मानव का वाहन नहीं बना सके हैं, वही हम पर प्राधिपत्य किये हुए है।

मार्क्सवाद में सामंजस्य का प्रभाव : वे मार्क्सवादियों की भाँति आध्यात्मिकता को भौतिकता का परिमार्जित प्रतिबिम्ब नहीं मानते हैं। उनका कथन है कि वे लोग (मार्क्सवादी) समतल का ऊर्ध्वगामिनी वृत्तियों से सामंजस्य न करने के कारण ही

इस भ्रान्ति में पड़ गये हैं। वे समतल भूमि के यथार्थ और उर्ध्वगामिनी वृत्ति के आदर्श को एक ही अव्यक्त चेतना के दो छोर मानकर दोनों को आवश्यक समझते हैं। पन्तजी पूर्ण समन्वयवादी हैं। वे आदर्श और यथार्थ का ही समन्वय नहीं चाहते वरन् वैयक्तिकता और सामाजिकता का भी समन्वय चाहते हैं। इसी प्रकार वे एकता और विविधता का सामंजस्य चाहते हैं। वे लिखते हैं–

''एकता का सिद्धान्त अन्तर्मन का सिद्धान्त है, विविधता का सिद्धान्त बहिर्मन तथा जीवन के स्तर का, दूसरे शब्दों में एकता का दृष्टिकोण उर्ध्व दृष्टिकोण है और विभिन्नता का समदिक्।'' ऊर्ध्व और समदिक् दोनों ही दृष्टियों का वे आदर करते हैं और सत्य का अंग मानते हैं, 'इस धरती के जीवन को मैं सत्य का क्षेत्र मानता हूँ, जो हमारे लिए मानवीय सत्य है' किन्तु वे इसमें सीमित नहीं रहना चाहते हैं। वे ऊपर और नीचे का समन्वय चाहते हैं, 'राजनीति का क्षेत्र मानव जीवन के सत्य के सम्पूर्ण स्तरों को नहीं अपनाता, वह हमारे जीवन का धरती पर चलने वाला समतल चरण है; हमें अपने मन तथा आत्मा के शिखरों की ओर चलने वाले एक ऊर्ध्व संचरण की भी आवश्यकता है जो हमारे ऊपर के वैभव को धरती की ओर प्रवाहित कर समाज के राजनीतिक आर्थिक ढाँचे को शक्ति, सौन्दर्य, सामंजस्य तथा स्थायी लोक कल्याण प्रदान कर सके।' इसी ऊपर-नीचे के समन्वय को वे मानवीय संस्कृति मानते हैं।

श्री अरविन्द की देन : पन्तजी उर्ध्वगामिनी वृत्ति को अरविन्द के दर्शन में मूर्तिमान देखते हैं, 'श्री अरविन्द को मैं इस युग की अत्यन्त महान तथा अतुलनीय विभूति मानता हूँ। उनसे अधिक व्यापक, ऊर्ध्व तथा अतल स्पर्शी व्यक्तित्व, जिनके जीवन दर्शन में अध्यात्म का सूक्ष्म बुद्धि अग्राह्य सत्य, नवीन ऐश्वर्य तथा महिमा में मंडित हो उठा है, मुझे दूसरा कहीं देखने को नहीं मिला।' पन्तजी ईश्वरवादी भी हैं, 'आपको व्यक्ति और विश्व के साथ ही ईश्वर को भी मानना चाहिए, तब उसके व्यक्ति और विश्वरूपी संचरणों को ठीक ठीक ग्रहण कर सकेंगे।'

सही दृष्टिकोण : पन्तजी ने युग-संघर्ष को देखा है और उसके भीतर से निकलने वाली मानव चेतना के भी दर्शन किये हैं। उसी चेतना को काव्य रूप देना वे कवि का कर्त्तव्य समझते हैं।

''आज के संक्रान्ति-काल में मैं साहित्य स्रष्टा एवं कवि का यही कर्त्तव्य समझता हूँ कि वह युग-संघर्ष के भीतर जो नवीन लोक-मानवता जन्म ले रही है, वर्तमान कोलाहल के वधिर पट से आच्छादित मानव-हृदय के मंच पर जिन विश्व निर्माण, विश्व एकीकरण की नवीन सांस्कृतिक शक्तियों का प्रादुर्भाव तथा अन्तः क्रीड़ा हो रही है, उन्हें अपनी वाणी द्वारा अभिव्यक्ति देकर जीवन-संगीत में झंकृत कर सके।'' पन्त जी की उत्तरा का इसी दृष्टिकोण से अध्ययन करना चाहिए। पन्तजी की दृष्टि व्यापक है, वे क्षुद्र व्योरों में नहीं जाते। वर्तमान असन्तोष के आवरण में जो व्यापक

मानवता की वृत्तियाँ काम कर रही हैं उनका वे उद्‌घाटन करना चाहते हैं। वे वृक्षों की गिनती न कर, वन के व्यापक सौन्दर्य को देखते हैं।

नाम की सार्थकता : उत्तरा में उनकी उत्तरकालीन कविताओं का संग्रह है और इसकी गति उत्तर या ऊर्ध्वगामिनी है। इस पुस्तक में नवीन युग के दृष्टिकोण की घोषणा की गयी है–

"दल रहा अब स्थूल धरातल,
परिणत होता अब सूक्ष्म मनस्तल,
विस्तृत होता वहिर्जगत्
विकसित अन्तर्जीवन अभिमत।"

–उत्तरा

युग-विषाद आन्तरिक करुणा का प्रेरक : इस नवयुग में भौतिकवाद की स्थूल मान्यता बदल रही है। विज्ञान के लिए जड़ भूत पदार्थ जड़ नहीं रहे हैं। वे शक्ति-प्रेरित स्पन्दनों के केन्द बन गये हैं। भौतिकता से जगत मानसिकता की ओर जा रहा है। वहिर्जगत भी संकुचित नहीं रहा है और उसके विस्तार में ही अभीष्ट अन्तर्जीवन का विकास हो रहा है। इसी की अभिव्यक्ति के लिए इस पुस्तक का निर्माण हुआ है। कवि युग के कोलाहल और क्रन्दन से, जो समतल भूमि की भेदबुद्धि से प्रभावित है, अनभिज्ञ नहीं है। वह युग विषाद, युग छाया और युग संघर्ष में उसकी अभिव्यक्ति करता है किन्तु साथ ही उसमें एक आध्यात्मिक भावना भी भर रहा है। कोलाहल आन्तरिक करुणा का उद्‌दीपन बन जाता है–

"गरज रहा उर व्यथा भार से
गीत बन रहा रोदन"

–युग विषाद

यहाँ तक युग विषाद की अभिव्यक्ति है किन्तु यह आन्तरिक करुणा के जाग्रत करने के लिए ही है।

विगत युग की समाप्ति : *'आज तुम्हारी करुणा के हित कातर धरती का मन'* युग की वास्तविकता से प्रेरित दुख की छाया को कवि इस प्रकार प्रकाशित करता है–

"दारुण मेघ धरा घहराई, युग सन्ध्या गहराई।
आज धरा प्रांगण पर भीषण झूल रही परछाई॥"

किन्तु साथ ही युग की समाप्ति का भी संकेत है–

"तुम विनाश के रथ पर आओ,
गत युग का हत शव ले जाओ,
गीध टूटते, श्वान भूकते,
रोते शिवा (गीदड़) विदाई।"

–युगछाया

नये युग के आगमन की पद-झंकार भी तीसरे बन्ध में सुनाई पड़ती है—

"मनुज रक्त से पंकिल युग पथ
पूर्ण हुए सब दैत्य मनोरथ,
स्वर्ण रुधिर से अभिषिक्त अब,
नवयुग की अरुणाई।"

—युगछाया

शोषक-शोषित बाह्य चेतना के प्रतीक : राक्षसों के मनोरथ युद्धों में पूर्ण हो गये। युग दानव आपसी फूट में मर जायेंगे और मनुष्य और देवता एक हो जायँगे। इसमें मनुष्य के देवत्व की ओर संकेत है। *'कट मर जायेंगे युग दानव, सुर नर होंगे भाई।'* यद्यपि इसकी वास्तविकता के लिए यही कहना पड़ेगा कि *'हिनोज दिल्ली दूरस्त'* तथापि संसार में प्रयत्न इस ओर भी जारी है। उन्हीं प्रयत्नों को हमें बल देना है। कवि-दृष्टि से शोषक और शोषित का भेद भी बाह्य माना गया है।

"शोषक है इस ओर उधर है शोषित,
बाह्य चेतना के प्रतीक जो निश्चित।"

—युग संघर्ष

मानवता की विजय में विश्वास : विश्व में जो घृणा और द्वेष-प्रेरित क्रान्ति का चक्र चल रहा है, उसकी ओर भी सचेत करते हैं—

"नृत्य कर रही क्रान्ति रक्त लहरों पर,
घृणा द्वेष की उठीं आँधियाँ दुस्तर।
कौन रोक सकता उद्वेग प्रलयंकर,
मर्त्यों की परवशता, मिटते कट मर॥"

—युग संघर्ष

किन्तु कवि का आशावाद और मानवता की अन्तिम विजय का दृढ़ विश्वास उसका साथ नहीं छोड़ता है। नये युग में धनिक और श्रमिकों का भेद मिट जायगा और खोखला तर्कवाद भी शान्त हो जायगा और नव-निर्माण की शक्तियाँ काम करने लगेंगी इस मानवता के आगे विद्युत और अणु की घातक शक्तियाँ भी नतमस्तक हो जायँगी—

"रक्त पूत अब धराः शान्त संघर्षण,
धनिक श्रमिक मृतः तर्कवाद निश्चेतन।
सौम्य शिष्ट मानवता अन्तर्लोचन
उषा-मौन करती धरती पर विचरण।

—स्टार

विद्युत अणु उसके सम्मुख अवनत फन,
वसुधा पर अब नव सृजन के साधन;

आज चेतना का गत वृत्त समापन,
नूतन का अभिवादन करता कवि मन।"

—युग संघर्ष

नवीन चेतना का स्वागत : प्राचीन चेतना का युग समाप्त हो जाता है और कवि नवीन चेतना का स्वागत करता है। देश को इसी आशावाद की आवश्यकता है, इस नूतन मानवता के लाने और भू को स्वर्ग बनाने में भारत का भी हाथ होगा। हमारे अधिकांश कवियों का ध्यान नव भारत की न्यूनताओं की ओर ही अधिक गया है। वह भी एक पक्ष है किन्तु राष्ट्रोत्थान के लिए हम को भारत आध्यात्मिक मिशन की भी चेतना होनी चाहिए। पन्त ने उस चेतना को जाग्रत कर एक नये आत्मसम्मान की भावना भरी है।

"उठे जूझने विश्व समर में दुर्धर,
लोक चेतना के युग शिखर भयंकर।
विश्व सभ्यता रुग्ण हृदय में,
व्याप्त हलाहल भीषण।
अमृत मेघ भारत क्या छिड़केगा,
न प्राण संजीवन।"

—जागरण गान

उर्ध्व संचरण की ओर : कवि मानवता के नव आदर्शों को जगाकर भारत को ऊर्ध्व संचरण की ओर ले जाना चाहता है और इस देश में भू के स्वर्ग को चरितार्थ करने को उत्सुक है। हमको ऐसे ही स्वप्नद्रष्टाओं की आवश्यकता है। आज के स्वप्न कल की वास्तविकता में परिणत हो जायेंगे—

"विश्व मन : संगठन हो रहा विकसित,
नव जीवन संचरण ऊर्ध्व, भू विस्तृत,
नव्य चेतना केतु फहराता,
सत रंग द्रवित दिगन्तर;
आदर्शों के पोत बढ़ रहे,
पार अतल भव सागर।
स्वर्ग भूमि पर भारत,
जन मन धरणी सुन्दर;
अन्तर ऐश्वर्यों से मण्डित,
मानव देवोत्तर।"

—उद्‌बोधन

नवीन सौन्दर्य बोध : वे भारत को भीतर के अर्थात् आध्यात्मिक सौन्दर्य से सुसज्जित देखना चाहते हैं। आदर्शों की नाव को वे आगे बढ़ते हुए भवसागर

को अर्थात् जीवन की कटुताओं और संघर्षों को पार करते हुए देखते हैं। भारत के उत्थान में ही मानवता का उत्थान है। भारत स्वयं उठेगा और संसार को उठाएगा। यह स्वप्न अवश्य है किन्तु वे स्वप्न ही भू के पंकिल पगों में पर लगाकर उर्ध्वगति देते हैं। *'मिट्टी के पैरों से भव क्लान्तजनों को स्वप्नों के चरणों पर चलना सिखलाता'* कवि का गीत विहग एक मिशन लेकर आता है। वह नश्वर में जो शाश्वत की ज्योति है उसका प्रकाश भू पर वितरित करता है। खण्डहरों पर वह नये प्रभात का आलोक डालता है। कवि की गीतमय दृष्टि तोपों के संहार से दूषित मानव बुद्धि को एक नवीन सौन्दर्य-बोध कराकर उन्मुक्त प्रकृति के खुले हुए वनों की स्वच्छन्दता से लहराने वाली दृश्यावली के शोभामय वक्ष का रूप-दर्शन करावेगी और भेदों से विमोहित बुद्धि को एकात्मवाद की एकता परक दृष्टि प्रदान करेगी–

"युग के खंडहल पर डाल सुनहली छाया,
मैं नव प्रभात के नभ में उठ मुस्काता।
जीवन पतझर में जनमन की डाली पर,
मैं नव मधु के ज्वाला पल्लव सुलगाता।
नवीन मन के भेदों में सोई मति को,
मैं आत्म एकता में अनिमेष जगाता।
तम-पंगु वहिर्मुख जग में बिखरे मन को,
मैं अन्तर सोपानों पर ऊर्ध्व चढ़ाता।"

–गीत विहग

ऐसोन्मुखी अन्तर्दृष्टि : हमारी साधारण बुद्धि हम को भेदों की ओर ले जाती है। जिनसे संघर्ष बढ़ता है। वह बाह्य दृष्टि है। हमारी अन्तर्दृष्टि अर्थात् हमारा प्रतिभ ज्ञान हमको एकता के स्वर्ग में ले जाता है। उसी एकता समन्वित दृष्टि से हमारे भेद मिट जाते हैं और भू पर ही स्वर्ग अवतरित हो जाता है। हमारे जगत में जहाँ विनाश की प्रवृत्तियाँ चल रही हैं वहाँ एकता का भी स्रोत बह रहा है। यही स्रोत हमारे लिए स्वर्ग का दूत है। कवि का यही कर्त्तव्य है कि इस एकता के स्रोत को निरावरण कर उसमें मानव मन को अवगाहन करावे। स्वर्ग के सन्देश को जन-जीवन में अवतरित करके भू को स्वर्ग बना दे। कवि एकता के अन्तः स्रोत को प्रकाश में ले आता है और उनको अपने मनोभावों के रूप में व्यक्त करता है।

"मैं स्वर दूतों को बाँध मनोभावों में,
जन जीवन का नित उनको अंग बनाता।
मैं मानव प्रेमी, नव भू स्वर्ग बसाकर,
जन धरणी पर देवों का विभव लुटाता।"

–गीत विहग

स्वर्णिम छाया : पुस्तक की अनेकों कविताओं में भू की कटुता पर छाये हुए स्वप्नों की स्वर्णिम छाया का आभास मिलता है।

स्वप्नों की कली टूट कर अन्धकार में झड़ जाती है किन्तु फिर भी कवि का अदम्य आशावाद उसका साथ नहीं छोड़ता है।

"युग स्वप्नों की साँझ सुनहली,
बिखरी भू पर टूट ज्यों कली;
जन विषाद में डूब मौन
मुरझाती, रज तम में मौन।"

—स्वप्न कान्त

संसार में जो भलाई और सतोगुण का स्रोत है जिसको हम ईश्वर भी कह सकते हैं, वह सदा अपने उन्नयन कार्य में अपराजित रहता है, विश्व का विकास क्रम जारी रहता है और युगों के कटु अन्तर को काल की कराल द्रष्टाओं से ध्वस्त करता रहता है संसार उसी सतोगुणी शक्ति के बल पर जीवित रहता है।

"जब जब घिरता तमस अपरचित,
विश्व शक्तियाँ होती अपहत,
तुम चिर अपराजित रह लाते
जग में स्वर्ण युगान्तर।"

—स्वप्न कांत

वह शक्ति नव मानवता का रूप धारण कर संसार में आती है।

"आने को अब वह रहस्य क्षण,
तुम नव मानव मन कर धारण,
पीस रहे दंष्ट्रा कराल बन,
युग-युग के कटु अन्तर।"

—स्वप्न कान्त

इसमें भगवद्गीता के विराट रूप दर्शन में आये हुए *'वक्राणि ते त्वरमाणा विशन्ति दंष्ट्रा करालानि मयानकानि'* की क्षीण छाया है।

व्यापक दृष्टि : संसार को स्वर्ग बनाने के लिए संसार के दुखों को भगवान को अर्पण करना अर्थात् उसको व्यापक दृष्टि से देख कर उनका उचित मूल्यांकन आवश्यक है और उसी के साथ आत्मदान भी। तभी इस संसार के हृदय के घाव भर सकते हैं। अपने आत्मदान से ही हम संसार की विषमताओं को दूर कर सकते हैं। विषमता तभी दूर होगी जब हम त्याग की वृत्ति धारण करेंगे। दूसरों का धन हड़पने और अपने सुख-भोग को अधिकाधिक बढ़ाने से संसार की विषमताएँ दूर नहीं हो सकतीं वरन् वे बढ़ेंगी ही। भू के विषाद का गर्जन आवश्यक है। आन्दोलन और संघर्ष के अस्तित्व को और उसकी सार्थकता को कवि स्वीकार करता है किन्तु भू

विषाद गर्जन के साथ मानवता की नव-चेतनता का आगमन भी आवश्यक समझता है। बाहर का संघर्ष और भीतर की कटुता और पीड़ा भगवान की सात्त्विकता से सन्तुलन प्राप्त कर एक नवीन उन्नयन का रूप धारण कर लेंगी–

'तुम्हें करूँ जन मन दुख अर्पण
आत्मदान दे भरूँ धरा ब्रण,
भू विषाद गर्जन से, उर में
बरसे नव चेतन कण!
जो बाहर जीवन से घर्षण
जो भीतर कटु पीड़ा का क्षण,
वह तुम में सन्तुलन ग्रहण कर
बने उन्नयन-नूतन।''

–जगत घन

इसके लिए मनुष्य में सहृदय दृष्टि चाहिए। उसे उर के वातायन (खिड़कियाँ) खोल देना आवश्यक है। हमारी संकीर्णता के कारण ही ईश्वर के सात्त्विक सन्देश को हमारे हृदय तक नहीं पहुँचने देती। इसलिए हम में ग्राहकता अपेक्षित है।

''खोलो उर वातायन
आएँ स्वर्ग किरण घन
भू स्वप्नों का नूतन
रचें इन्द्रपथ मोहन।''

–अन्तर्व्यथा

स्वर्गीय सन्देश की दैवी किरणें पड़ने से ही इस पृथ्वी पर सब रंगी इन्द्र धनुष के दर्शन हो सकते हैं।

नव निर्माणकारी अदृष्ट : कवि की आस्तिक बुद्धि नव निर्माणकारी अदृष्ट का हाथ देखती है। सुधार की भाव तरंगें मुखरित होने से पूर्व जन मन के अन्तर्चेतना गगन में प्रसारित होने लगती हैं। कवि की शक्ति उनको ग्रहण कर मुखरित करती है। कवि भविष्य का निर्माण देख रहा है, उसका मन उन तरंगों से आन्दोलित हो उठता है और वह आनन्द विभोर हो, गाने लगता है–

''मन के भीतर का मन गाता,
स्वर्ग धरा में नहीं समाता
स्वप्नों का आवेग ज्वार उठ
विश्व सत्य के पुलिन डुबाता–
लहरा शाश्वत के जीवन में''

–आगमन

हृदय की उन्मुक्तावस्था : कवि का मन इस अन्तःसन्देश से स्पन्दित हो एक

नयी दीप्ति और एक नये प्रकाश का अनुभव करता है।

"हस उठता उर का अन्धकार,
नव जीवन शोभा में दीपित,
भू पुलिन डुबाता स्वर्ग द्वार
रहता कुछ भी न अचिर सीमित"

—युग विराग

यहाँ कवि हृदय की उस मुक्तावस्था को पहुँच जाता है जिसको आचार्य शुक्ल ने रस दशा कहा है और जिसकी साधना सच्ची कविता कहलाती है। हम भी उसी दशा को प्राप्त हो सकते हैं यदि हमारा हृदय कवि के हृदय के साथ स्पन्दन करे। वह तभी हो सकेगा जब हम अपने को वैयक्तिक अभावों और निजी स्वार्थों तथा ईर्ष्या द्वेष की कारा से मुक्त कर सकें। कवि के लिए संसार बदल जाता है। भौतिक जगत् की सीमाएँ विलीन हो जाती हैं और जीवन का अचिरत्व मिटकर एक शाश्वत छटा के दर्शन होने लगते हैं। हमारे लिए भी वह बदल सकता है, यदि वह नव-मानवता के सन्देश को ग्रहण करे।

बाहर का संघर्ष : *'सागर-सा उफनाता भूमन'* और भीतर का द्वन्द्व (पर्वत पर पर्वत खड़े भीम, उड़ते तृष्णा, अज्ञान, अहं, उन्मथित धरा चेतना सिन्धु आन्दोलित अवचेतन का तम) सब विलीन हो जाते हैं। उपनिषदों के शब्दों में *'भिद्यते हृदयग्रन्थिश्छिद्यन्ते सर्वं संशयः'*—और कवि के शब्दों में—

"मन स्वर्ग शिखिर पर मंडराता,
उर में लहराता नव जीवन,
वह अन्तर आभा से स्वर्णिम
झरता भू पर, स्वप्नों का घन।"

—मेघों का पर्वत

दिखावे के विरुद्ध : कवि इसी मुक्त दशा के लिए ईश्वर से प्रार्थना करता है। कवि आवश्यक गर्जन-तर्जन चाहता है किन्तु भू को नव मानवता के जल से उर्वरा बनाने के लिए। वह ढोंग और विडम्बना का खंडन चाहता है। वह स्वार्थों को मानवपन के दिखावे में छिपाना चाहता है। वह दिखावे की रीति-नीति के बन्धनों से भी ऊँचा उठना चाहता है।

"स्वार्थी शुप
मुख पहने मानवपन का—
तुम छेड़ो अब अन्तर रण,
मन हो प्रांगण!
लहराए प्राणों का सागर
रीति नीति के पुलिन डुबा कर

घुमड़े वाष्पों से उर अम्बर
जीवन भू को कर उर्वर,
तुम कड़को भर युग गर्जन
झरे जल कण
घृणा, घृणा वह करती मन में नर्तन,
घृणा, घृणा, हसती आनन पर प्रतिक्षण
तुम मनुज प्रीति में उसे करो परिवर्तन—
फिर हरो धरा का प्राक्तन
भू हो चेतन''

—प्रतिक्रिया

अभिलाषाओं की अभिव्यक्ति : इन पंक्तियों में कवि के हृदय का ओज मुखरित हो उठा है। कवि संसार का प्राक्तन अर्थात् पिछली घृणा का साम्राज्य बदल कर नव चेतना का राज्य स्थापित करना चाहता है। कवि चाहता है कि मानव की अव्यक्त अभिलाषाएँ जीवन की वास्तविकता में व्यक्त हो जाएँ। हमारी अभिलाषाओं का स्वर्ग पृथ्वी पर आ जाय और आशाओं के स्रोत मिलकर जीवन की स्वर तालमय गति में प्रवाहित होने लगे।

''जन-जन की आशा अभिलाषा
जिसे नहीं कह पाती भाषा,
जग जीवन के मूर्त राग में
हो समवेत प्रवाहित।''

भू और स्वर्ग का मिलन : कवि जन-जीवन के साथ स्वर्ग के आदर्शों का प्रणय-मिलन चाहता है। पृथ्वी स्वर्ग की ओर उठे और स्वर्ग के प्रतिबिम्ब स्वरूप शाश्वत सिद्धान्तों की छाया मानव हृदय पर पड़े। वह ज्ञान और भावना; बुद्धि और हृदय के सुख मिलन में स्वर्ग और पृथ्वी-परिणय के दर्शन करता है। फिर स्वर्ग के आदर्श पृथ्वी के हृदय को आन्दोलित करने लगेंगे।

''नभ के स्वप्नों से
जग जलधि हो रहस-ज्वलित,
जो अमर प्रीति से
हृदय रहे नित आन्दोलित!

× × ×

फिर ऊर्ध्व तरंगित,
हो जन धरणी का जीवन
शाश्वत के मुख का
मानव मन हो दर्पण!

× × ×

फिर स्वर्ग बन जाए
भू की हृतन्त्री निश्चय,
जो ज्ञान भाव भावना,
बुद्धि हृदय का हो परिणय।"

—परिणय

कवि को इस परिणय के फलस्वरूप संसार दैवी सुन्दरता से व्याप्त दिखाई देने लगता है। संसार की प्रत्येक क्रिया में भगवान की साम्यमयी शक्ति का स्पन्दन सुनाई पड़ता है। सारा संसार एक शोभा का उत्सव बन जाता है और सारा विश्व मंगल ध्वनि से गूँजने लगता है।

"अरुणोदय नव, लोकोदय नव।"

—जीवन उत्सव

ईश्वरीय करुणा : इस प्रकार पृथ्वी और आकाश का आदान-प्रदान होता है। कवि भगवान की लोकोत्तर विभूति को जग जीवन में उतार कर उसको समृद्ध बनाना चाहता है। संसार की पीड़ा से थके हुए मानव को कवि ईश्वरीय करुणा का सम्बल देता है—

"जीवन-बाहों में बाँध सकूँ,
सौन्दर्य तुम्हारा नित नूतन।
जन मन में मैं भर सकूँ अमर
संगीत तुम्हारा सुर मादन।"

—युगदान

आदान-प्रदान : यद्यपि जड़ भौतिक पदार्थ आदर्शों की गतिमयता को रोक नहीं सकते हैं मानव का विकास अवश्यंभावी है— *'तुम क्या घनत्व में बाँधोगे द्रव की गतिप्रियता, निर्मम जड़त्व में आँकोगे जीवन की चेतन कोमलता'* तथापि पूर्ण सत्य में मिट्टी और आकाश दोनों का स्थान है। वे एक दूसरे की चाहे खिल्ली उड़ावें, वे एक दूसरे के लिए अनिवार्य हैं।

"तुम भाप उन्हें कहते, हँसकर
वे तुमको मिट्टी का ढेला?
वे उड़ सकते, तुम अड़ सकते,
जीवन तुम दोनों का मेला"

—सत्य

इसी प्रकार राष्ट्रीय जीवन के लिए पश्चिम की जड़ भौतिकता और पूर्व की ऊपर उड़ने वाली आध्यात्मिक चेतना आवश्यक है। सत्य में जड़, चेतन, शान्त, अनन्त सबको स्थान है।

प्रकृति चित्रण : इस संग्रह में धरा स्वर्ग के मिलन के गीतों के अतिरिक्त,

प्रकृति, प्रेम और प्रार्थना-सम्बन्धी कविताएँ भी हैं। प्रकृति के वर्णनों में प्रायः वर्षा के बादलों, शरद की चाँदनी और बसन्त से नव निर्माण का वर्णन हुआ है। इसके उदाहरणस्वरूप मेघों के पर्वत, शरदागम, शरद-चेतना, चन्द्रमुखी, शरदश्री, वनश्री, वसन्तश्री, रंग मंगल आदि कविताएँ उपस्थित की जा सकती हैं। प्रकृति के वैभव का वर्णन, जैसा पल्लव आदि की कविताओं में उसकी शोभा-सुषमा से प्रभावित होकर हुआ है, वैसा नहीं है। यहाँ तो प्रकृति का उपयोग अधिकांश में रूपकों और प्रतीकों के रूप में हुआ है। जैसा हम देख चुके हैं, कवि के जीवन में व्याप्त संघर्ष को चित्रित कर उसी के साथ मानवता प्रधान नवीन सृजन की मंगल-आशा प्रकट की है। प्रकृति को भी विचार और भावना की इन्हीं दोनों धाराओं में बाँधा है। मेघों का गर्जन-सर्जन अन्याय के प्रति विद्रोह का प्रतीक है। वर्षा करुणा और नव सृजन की प्रतीक है।

प्रतीकात्मकता : जगत घन सांसारिक आपत्तियों के प्रतीक हैं *'जब जब घिरे जगत घन मुझ पर'* तम अज्ञान का प्रतीक है *'तुम तम का आवरण उठाओ'* *'मौन सृजन'* में शिशिर और बसन्त निर्जीव पुरातन के नाश और सृजन के प्रतीक हैं। *'तुम शाश्वत शोभा के मधुवन शिशिर बसंत जहाँ रहते क्षण'* नीचे के छन्द में प्रकृति के व्याप्त हर्ष, सौन्दर्य और संगीत का वर्णन है। यह भगवान की सृजन-शक्ति के प्रसार से उत्पन्न होता है।

''रंगों में गाता कुसुमाकर,
सौरभ में मलयानिल निःस्वर
नील मौन में गाता अम्बर
मधुर तुम्हारा स्पर्श पा अमर।''

—मौन सृजन

मेघों के पर्वत में प्रकृति का कुछ उग्र रूप देखने को मिलता है। इसमें प्रकृति संसार में व्याप्त संघर्ष की द्योतक बनकर आती है। इसमें प्राकृतिक रूपक और उपमाएँ हैं।

'यह मेघों की चल भूमि वह रहे जहाँ उनचास पवन' यहाँ कवि कुछ हिन्दी परम्पराओं से प्रभावित है। भूमि को अपने यहाँ अचला कहा गया है। बादलों को चल भूमि कह कर सुन्दर विरोध-सम्बन्धी चमत्कार ही नहीं उत्पन्न किया है वरन् बादलों के उपमेयस्वरूप दुःखों और संघर्षों की परिवर्तनशीलता की ओर भी संकेत किया गया है। अपने यहाँ पवनों की संख्या उनचास मानी गयी है। एक जगह और भारतीय परम्परा से लाभ उठाया गया है। रामायण की कथा में वर्णित अहल्या की जड़ता मानवी रूप में परिवर्तन दिखाया है। नवयुग की आत्म-चेतना पिछले युगों की जड़ता को नव मानवता में परिणित कर देती हैं *'वह मानवीय बन रही पा स्पर्श निर्जरों का चेतन। वह बनी शिला से मातृ मूर्ति उर में करुणा का संवेदन।'*

ज्योत्सना मंगल की द्योतक है *'आज मिल गया आभा से तम चेतन ज्योत्सना में हँस निरुपम'* जीवन का संघर्ष आनन्द में परिणित हो गया। 'प्रीति' शीर्षक कविता में बड़ा सुन्दर प्रतीकात्मक प्रकृति चित्रण हुआ है। अभिधार्य में भी यह बड़ा सुन्दर है। इसमें जीवन की कालिमा और प्रकाश दोनों का चित्रण है। यह यथार्थ और आदर्श समन्वित है। आजकल के कुछ कवि यथार्थवाद के नाम पर जीवन की कालिमा का ही अधिक वर्णन करते हैं। पन्तजी उनमें नहीं हैं। देखिए– *'मेघों के उड़ते स्तम्भ खड़े लिपटीं जिनमें विद्युत ज्वाला, बाहर को अधखुला विराट जीवन कपाट तक का काला'* उसी के भीतर बादल भाप के कोमल और चिकने रेशमी वस्त्रों (कौश मसूण) की-सी आभा दिखा रहे हैं और उनके भीतर से आती हुई सूर्य किरणें अर्थात् ज्ञान का तेज उनको इन्द्र धनुष की-सी सतरंगी शोभा प्रदान कर नेत्रों को आश्चर्य चकित कर देती है। बादलों का सतरंगीपन जीवन के सौन्दर्य का ही प्रतिबिम्ब है। (जिन पर प्राणों की रंग छटा)

''भीतर वाष्पों के कौश मसूण नव इन्द्र जलद लटकें कम्पित,
जिन पर प्राणों की रंग छटा करती मनके लोचन विस्मित।''

प्रकाश की रेखाएँ : अन्धकार में भी प्रकाश की रेखाएँ रहती हैं और आगे चलकर प्रकाश और मंगल ही मंगल दीखता है–*'प्रभो अनुकूल चेतना तीर्थ नव शरद चाँदनी सा प्रहसित।'* शरद सम्बन्धी चार कविताएँ हैं–शरदागम, शरद चेतना, चन्द्रमुखी और शरदश्री। इनमें जीवन की आशा और मंगल-कामना प्रस्फुटित हो रही है। शरदागम में थोड़ा उद्दीपनत्व भी है।

मंगलाशा की छटा देखिए– *'खोल निसर्ग रहा निज अम्बर मधुर सन्तुलन में खिल सुन्दर'* उद्दीपनत्व का भी रूप देखिए–

''आज मिलन की उर अति विह्वल मानस में स्वप्नों का बादल,
झर झर पड़ता किन स्मृतियों में सुलगा चिर विरहानल।''

ऐसी ही वैज्ञानिक प्रेम की झाँकी हमको 'अनुभूति' शीर्षक कविता में मिलती है इन वैयक्तिक प्रेम की कविताओं में भी आशावाद की झलक है।

भगवान का स्तवन : अन्त में भगवान के स्तवन की भी कुछ कविताएँ हैं। स्तवन में भगवान के प्रकृति विशेष भारत की प्रकृति में व्यक्त विराट रूप के दर्शन होते हैं।

''हेमचूड पर स्वर्ण रश्मि प्रभ
ज्योति मुकुट जाज्वल्य शीर्ष पर,
शत सूर्योज्वल कुवलय कोमल
स्फुरत किरण मण्डित मुख सुन्दर,
सहृदय वक्ष विशाल सिन्धुवत्
विश्व भार भृत अंश धुरन्धर
करुणा कलित बाहु वरद कर

मृत्यु कलुष हर चारु धनुष शर
बढ़ते युग-युग चरण, छोड़ निज
अक्षय चिह्न समय के पथ पर
विश्व हृदय शतदल पर स्थित तुम
हृदयेश्वर जगदीश परस्पर''

इसकी भाषा कुछ अधिक संस्कृतगर्भित है। इस स्तवन में भगवान् के सौन्दर्यशील (क्षमा, करुणा आदि) और (शक्ति, धनुष शर) तीनों दैवी गुणों की अभिव्यंजना हुई है।

हिन्दी के हास्य-लेखक (बाबू बालमुकुन्द गुप्त)

उर्दू के दायरे से : यद्यपि बाबू बालमुकुन्द गुप्त का हिन्दी क्षेत्र में प्रवेश भारतेन्दु हरिश्चन्द्र के अस्त होने के प्रायः चार वर्ष पश्चात् होता है। तथापि वे भारतेन्दु-युग की नोक-झोंकभरी चुहल-बाजी और जिन्दा दिली भरपूर मात्रा में अपने साथ लाये थे। हिन्दी के कुछ ख्यातनामा लेखकों की भाँति वे भी उर्दू के दायरे से हिन्दी के घेरे में आये थे। पहले वे 'अखबारे चुनार' में काम करते थे फिर वे लाहौर के 'कोहेनूर' में वहाँ से महामना मालवीयजी की प्रेरणा से कालाकाकर के 'हिन्दुस्थान' में आये। तभी से उनकी हिन्दी सेवा का श्रीगणेश होता है। उर्दू की स्वाभाविक चपलता का उन पर प्रभाव रहा। इस प्रकार हास्य व्यंग्य के सम्बन्ध में करेले कुछ तो कड़वे और कुछ नीमचढ़े की बात हो गयी। हास्य-व्यंग्य के दोहरे प्रभावों को लेकर वे हिन्दी के क्षेत्र में अवतरित हुए।

हास्य-व्यंग्य का माध्यम : हरिश्चन्द्र युग हिन्दी-गद्य के आरम्भ का युग था। कुछ तो यह बाल्यकालीन उछल-कूद थी जो शुद्ध हास्य की कोटि में आती है और कुछ परिस्थिति प्रेरित थी। वह अंग्रेजी राज्य की कर्जन शाही की चढ़ती धूप का जमाना था। दमनचक्र जारी था। बंग-भंग ने राजनीतिक चेतना को उग्र बना दिया था। राजनीतिक चेतना का कुछ तो खुले रूप में प्रकाश हुआ और कुछ हास्य-व्यंग्य के माध्यम से। हास्य-व्यंग्य के माध्यम से बात तो काफी चुटीले ढंग से कही जाती किन्तु हँसी का मधुर अवलेह मिल जाने से उसकी कटुता कुछ कम हो जाती है और वह निरापद रूप से गले उतर जाती है। हास्य का जो लक्ष्य होता उसे भी वह कम अखरती और विशेषकर जब लिखने वाला शिव शम्भू की भाँति दूधिया भंग की तरंग में लिखता हो या स्वप्न की प्रतीकात्मक भाषा बोलता हो और हँसी के आकर्षण के साथ उसकी प्रेशणीयता का भी क्षेत्र बढ़ जाता है।

दो प्रकार : बालमुकुन्दजी का हास्य प्रायः दो प्रकार का है—शुद्ध हास्य और व्यंग्यात्मक। उनके हास्य में व्यंग्य की ही प्रधानता रही है। व्यंग्य प्रायः सोद्देश्य होता है। और किसी व्यक्ति या संस्था की ओर लक्षित होता है। यह प्रायः हृदय की कटुता से प्रेरित होता है चाहे वह वैयक्तिक हो और चाहे सार्वजनिक। गुप्तजी के व्यंग्य-वाणों के दो प्रधान लक्ष्य थे। राजनीतिक क्षेत्रों में ब्रिटिश साम्राज्य की

शक्ति और वैभव के महत्वाकांक्षापूर्ण प्रदर्शनकर्ता, दिल्ली दरबार के सूत्रधार और आकर्षण केन्द्र लार्ड कर्जन। उनके साथ में सर बेम्फाइल फुलर और पीछे आने वाले मार्ले मिन्टो से भी कुछ छेड़छाड़ हुई और साहित्य क्षेत्र में उनके प्रधान लक्ष्य रहे हैं—आचार्य महावीरप्रसाद द्विवेदी। उनके हास्य-व्यंग्य का प्रधान माध्यम रहा कलकत्ते का 'भारतमित्र'।

शुद्ध हास्य : शुद्ध हास्य के उदाहरण हमको अपेक्षाकृत कम मिलते हैं किन्तु उनका प्रभाव नहीं रहा है। वे अधिकांश पद्य में हैं। हम आजकल के हास्य लेखक और कवि श्री गोपालप्रसाद व्यास को दो बातों में अग्रगामी कहेंगे। एक तो यह कि उनकी कविता का श्रीगणेश भैंस की कविता से होता है। यदि श्रोतागण वैयक्तिक उल्लेख को क्षमा करें तो अन्तर इतना ही है कि व्यासजी की भैंस की कविता मेरी धवल भैंस पर थी। उनकी कविता किसी भाग्यशाली पुरुष की भैंस पर थी यह एक आकस्मिक संयोग है। गुप्त जी ने साहित्य की इस उपेक्षिता को पहले ही अमर कर दिया था किन्तु फिर भी बड़ा दुख है कि उनको भैंस का मर्सिया भी लिखना पड़ा था। खैर भैंस के स्वर्ग की एक शाब्दिक झाँकी सुनिए—

"कभी वेग से फुदक-फुदक करके दौड़ी जाती है।
हलकी क्षीण कटि का सबको नाजुकपन दिखलाती है।
सींग अड़ाकर टीले में करती है रेत उछाल।
देखते ही बन आता है बस उस शोभा का हाल॥
पीठ के ऊपर झाँपल बैठी चुन-चुन चिचड़ी खाती है।
मेरी प्यारी महिषी उससे और मुदित हो जाती है।
अपने को समझे है वह सब भैंसों का सरदार।
आगे पीछे चलती है जिस दम पड़िया दो चार॥"

महिषी भैंस और रानी दोनों ही को कहते हैं। शान और इठलाहट में किसी रानी से कम नहीं होती। काली होकर भी वह यश से धवल दूध की सृष्टि करती है।

मर्सिया : अब जरा मर्सिए की भी दो पंक्तियाँ सुन लीजिए—

"खड़ी देखती है वह पड़िया बेचारी।
धरी है यों ही नाँद सानी की सारी।
पड़ी है कहीं टोकरी और खारी।
वह रस्सी गले की रखी है सँवारी।
बता तो सही भैंस तू अब कहाँ है?
तू लाला की आँखों से अब क्यों निहाँ है?"

रस-विश्लेषण : इसमें उर्दू शायरी का असर परिलक्षित होता है। संस्कृत रस-सास्त्र की दृष्टि से इसमें करुण रस का पूर्ण परिपाक हुआ है। भैंस आलम्बन तो है ही किन्तु पड़िया, साकी, रस्सी, टोकरी ये सब उद्दीपन हैं और लाला आश्रय हैं। विषाद

आदि संचारी भी हैं। हास्य का विषय यह इसीलिए बन जाता है कि मर्सिया जैसी गम्भीर करुणाजनक रचना एक अपेक्षाकृत एक छोटी चीज के लिए लिखी गयी। यही विपरीतता हास्य का कारण है।

पत्नीवाद : दूसरी बात पत्नीवाद की है—पत्नीवाद की भी कुछ कविताएँ उन्होंने लिखी थीं। एक सभ्य बीवी की चिट्ठी सुनिए। इसमें शुद्ध हास्य के साथ कुछ व्यंग्य भी हैं।

"कहाँ है 'टेनिस घर' दिखलाव, कहाँ मछली का बना तलाब?
बात वह अगली सब सरकी, बहू मैं जब थी घूँघट की?
मजा अब सुख का आया है, स्वाद शिक्षा का आया है?
खुले अब नैन नींद गयी टूट, बुद्धि के पर आये हैं फूट,
घुटावैं क्यों पिंजरे में दम? नहीं कुछ अन्धी चिड़िया हम।
न लें क्यों खुली हवा में साँस? किस तरह पूरी होगी आस?"

उनके समय में पैरोडी का भी चलन शुरू हो गया था। सती सीता को मुनि पत्नी अनुसूया ने जो शिक्षा दी उसका परिहासमय अनुकरण सुनिए।

पेरोडी : इसमें कलियुगी पतिव्रत धर्म पर व्यंग्य है—

"एकहि धर्म एक व्रत नेमा, काम वचन मन पति पद प्रेमा।
पर पति सो जो मन कहं भावे, रोम-रोम भीतर रम जावे।
बालकपन को पति जो होई, तासो प्रीति करौ नहिं कोई।"

× × ×

"एक मरे दूसर पति करही, सो तिय भव सागर तरही।"

शुद्ध हास्य का एक और उदाहरण लीजिए। हास्य का मूल है वेमेलपन या Inconginity में। इसके कई रूप हो जाते हैं। कभी-कभी कवित्व के शृंगार के साथ यथार्थवादी वीभत्सता का मेल करना भी हास्य का कारण बन जाता है। 'वसन्त में विरह' शीर्षक कविता सुनिए—

"देखो-देखो कोकिल कैसे कुहू-कुहू रव करते हैं?
चील भी उड़ती है, कव्वे मीठे बोल उचरते हैं।
मलय पवन बहता है देखो, हाँ! हाँ! धूल उड़ाता है।

असन्तोष वैयक्तिक नहीं : राजनीतिक व्यंग्य प्रायः असन्तोष और हृदय की कटुता से प्रेरित है किन्तु कटुता वैयक्तिक नहीं है, सार्वजनिक है। पहले लायल्टी पर एक करारा व्यंग्य सुनिए—

"सबके सब पंजाबी अब है लायल्टी में चकनाचूर,
सारा पंजाब देश बन जाने को है लायलपूर।"

टेसू के गीत : लोकवार्ता के बहुत से रूपों का जैसे टेसू, होली, जोगीडर आदि का प्रयोग गुप्तजी ने राजनीतिक व्यंग्यों में किया है। लार्ड कर्जन के दिल्ली दरबार

की घरफूँक तमाशा देखने वाली तैयारियों की कथा सुनिए—

"अबके टेसू रंग-रंगीले अबके टेसू छैल-छबीले।
अब के शान बढ़ी है आला, अबके है कुछ ढंग निराला।
होगा दिल्ली में दरबार, सुनकर चौंक पड़ा संसार।
शोर बड़ा दुनिया में भारी, दिल्ली में है बड़ी तयारी।
देश-देश के राजा आये, खेमे डेरे साथ उठाये।
घर दर बेचो करो उधार, बढ़िया हो पोषाक तयार।"

× × ×

"खूब बने श्री कर्जन लाट, होय निराला उनका ठाट।
जमे ठाठ से सब दरबार, सबके बने लाट सरदार।
कोई न उनके रहे समान, सभी रहे लटकाए कान।"

कर्जन साहब पर एक और टेसू का गीत सुनिए। इसमें जनवरी 1903 के दिल्ली दरबार में कर्जन की उस शान-बान का बखान है कि जिसने सम्राट के भाई ड्यूक ऑफ कैनौट से ऊँचा आदर पाने की कोशिश की थी—

"बार दूसरी कर्जन आये, सनद साल दो की फिर लाये।
मुझ-सा कोई हुआ न होगा, यह जाने कोई जानन जोगा।
राजा का भाई था आया, उसको भी नीचा दिखलाया।
पहले मुझको मिला सलाम, तब फिर उससे हुआ कलाम।
मुझको सोना उसको चाँदी, मुझको बीवी उसको बाँदी।"

ऐतिहासिक तथ्य : कर्जन साहब सोने की कुर्सी पर विराजे थे और ड्यूक चाँदी की कुर्सी पर। ये बातें ज्वलन्त प्रकाश में इसलिए लायी गयी थी कि इंग्लैंड का भी लोकमत कर्जन के खिलाफ हो जाय। गुप्तजी के हास्य-व्यंग्य में उस समय की राजनीति का पूरा चित्र उतर आया है। वाइसराय की कौंसिल के मिलीटरी एडवाइजर के सम्बन्ध में किचनर कर्जन की अनबन, वलायती सरकार से किचनर की जीत फलस्वरूप कर्जन का इस्तीफा किन्तु *'मरती बार कटक संहारा'* रामायण की इस उक्ति को चरितार्थ करते हुए बंगाल के दो टुकड़े होना, मोर्ले साहब का पार्टीशन को न बदलना, बंगाल के लेफ्टीनेंट फुलर द्वारा विद्यार्थियों की पकड़-धकड़ और उनका भी त्यागपत्र ये सब बातें उनके हास्य-व्यंग्य में इतिहास की यथार्थता और व्यक्ति की चित्रमयता के साथ आयी हैं। किचनर और कर्जन के मल्ल-युद्ध की बात सुनिए—

"बनके सच्चों के सरदार, करके खूब सत्य प्रचार।
भिड़ गये जंगी मुल्की लाट, चक्की से चक्की का पाट।
गुत्थम-गुत्था, धींगा मुश्ती, खूब हुई दोनों की कुश्ती।
ऊपर किचनर, नीचे कर्जन, खड़ा तमाशा देखे दर्जन।
कलम करे चाहे कितनी ही चरचर, माले के वह नहीं बराबर।"

बंग-भंग : जंगी और मुल्की शक्तियाँ भिड़ीं और चक्की के दो पाट रगड़े और उसमें दला गया बंगाल। बंगाल के विभाजन की बात तो चल ही रही थी। इस खीज ने इस निश्चय में अन्तर तो नहीं डाला वरन् उसे दृढ़ ही कर दिया। ऊपर के अफसरों की फटकार की खीज क्लर्कों और चपरासियों पर निकाली जाती है। यद्यपि उस जमाने में ऐसी मनोवैज्ञानिक आलोचना नहीं होती थी फिर भी उनका कुछ आभास गुप्तजी में मिलता है। सुनिए—

''पहले सब कुछ कर जाता हूँ, पीछे अपने घर जाता हूँ।
वेशक मिली उधर से लात, किन्तु यहाँ तो रह गयी बात।
अफसर से खा लेना मार, पर अधीन को दे पैजार।
जबरदस्त से चट दब जाना, जेरदस्त को अकड़ दिखाना।''

जैसे लिबरेल वैसे टोरी : खैर कर्जन के हिन्दुस्तान छोड़ने के बाद मार्ले मिन्टो का जमाना आया किन्तु बंग-भंग न पलटा। मार्ले ने उसको Settled pact कह कर टाल दिया—

''लिबरल दस की हुई बहाली, खुशी हुए तब बंगाली।
हुए मार्ली पद पर पक्के, वराडरिक को पड़ गये धक्के।
बंगाली समझे यों धक्के, होली है भई होली है।
वंग-भंग की बात चलायी, काटन ने तकरीर सुनायी।
तब मुर्ली ने तान सुनायी होली है भई होली है।
वंग-भंग को हमको गम है, तुम से नहीं वह कम है।
पर अब उसमें नहीं कुछ दम है, होली है भई होली है।
नहिं कोई लिबरेल नहिं कोई टोरी, जो परनाला सो ही मोरी।''

फुलर का स्तीफा : कर्जन के चेले पूर्व बंगाल के लेफ्टीनेंट गवर्नर महोदय को लड़कों के आन्दोलन के कारण नीचा देखना पड़ा था। वे राजनीतिक आन्दोलन के कारण कुछ स्कूलों को कलकत्ता विद्यालय से Disaffiliate कराना चाहते थे। सरकार से उसकी इजाजत न मिली। अफसर का अन्तिम ब्रह्मास्त्र स्तीफा है, उससे भी काम न चला। उनके बारे में गुप्तजी की कविता सुनिए—

''फुलर जंग ने की वह जंग, सब बंगाल हो गया दंग।
लड़कों से की खूब लड़ाई, गुरखों की पलटन बुलवाई।
खूब बचन गुरुवर का पाला, पर आखिर को हुआ दिवाला।''

फुलर ने कहा था कि वह फिर एक बार बंगाल में शाइस्ता खाँ का कठोर शासन ले आएगा। इसी पर व्यंग्य करते हुए गुप्तजी कहते हैं—

''बूढ़ेपन की लाज न आई, लड़कों से की खूब लड़ाई।
कुछ नहीं सोचा बात बढ़ाई, इसी सबब से मुँह की खाई।
छोड़चले शाइस्ता खाई''

यह बात इतिहास द्वारा अनुमोदित है। देखिए–

"Sir J. Bampfylde fuller applied to the Calcutta University to disaffiliate the school concerned but was requested by the Government to withdraw the applications on the ground that it would result in an acrimonious debate in the senate of the University. The Lt. Governor there upon tendered his resignation and his resignation was accepted."

—India under the crown, P.O. Roberts, Pages 511, 512

शिव-शम्भू के चिट्ठे : गुप्तजी ने बहुत-सा हास्य-व्यंग्य गद्य में भी लिखा है उनका राजनीतिक व्यंग्य अधिकांश कर्जन पर केन्द्रित है और उस के साथ फुलर और मिन्टो-मार्ले भी लपेट में आये। भारतमित्र में जो व्यंग्यात्मक पत्र छपे थे वे शिव-शम्भू के चिट्ठे कहलाते हैं। शिव-शम्भू को बालकपन में बुलबुलों का बड़ा शौक था किन्तु बुलबुलों उसको मुश्किल से ही मिलती थीं। एक बार वह स्वप्न में बुलबुलें के देश में पहुँच गया। कर्जन के आत्म-सन्तोष की प्रसन्नता को उस स्वप्न की प्रसन्नता से तुलना करते हुए अपने पत्र में लिखते हैं–"आपने माई लार्ड! जब से भारतवर्ष में पधारे हैं, बुलबुलों का स्वप्न ही देखा है या सचमुच कोई करने योग्य काम भी किया है? खाली अपना खयाल ही पूरा किया है या वहाँ की प्रजा के लिए भी कुछ कर्तव्यपालन किया है। आप बारम्बार अपने दो अति तुम-तराक से भरे कामों का वर्णन करते हैं। एक विक्टोरिया मेमोरियल और दूसरा दिल्ली दरबार, जरा विचारिये कि ये दोनों काम 'शो' हुए या 'ड्यूटी'।"

इतिहास की गवाही : किचनर से झगड़े की हँसी उड़ाते हुए गुप्तजी ने लिखा है–"इस देश के हाकिम आप की ताल पर नाचते थे। राजा महाराजा डोरी हिलाने से सामने हाथ बाँधे हाजिर होते थे। आपके एक इशारे में प्रलय होती थी। बंग देश के सिर पर आरा रखा गया। ओह! इतने बड़े माई लार्ड का यह दर्जा हुआ कि एक फौजी अफसर उनके इच्छित पद पर नियत न हो सका और उनको उसी गुस्से के मारे इस्तीफा दाखिल करना पड़ा, वह भी मंजूर हो गया।" कर्जन के प्रचंड ऐश्वर्य मार्तण्ड के शीर्ष बिन्दु से सहसा पतन का कैसा मार्मिक चित्रण है?

इतिहास इसका समर्थन करता है–

"Lord Curzon proposed Sir Edmund Barrns, but the home Government declined his nominatives for reasons that seemed sound in themselves and were entirely creditable to that distinguished officer Lord Curzon, convinced now that the Government were not prepared to allow him that kind of military adviser. He resigned his office in August 1905. The cabinet aksed him to withdraw his resignations but he declined to do so."

—India under the crown, P.O. Roberts, 554, 555.

साहित्यक क्षेत्र में व्यंग्य : राजनीति में गुप्तजी के बाण कर्जन पर चलाये गये उसी प्रकार साहित्य समालोचना के क्षेत्र में पंडित महावीर प्रसाद द्विवेदी को उन्होंने अपने व्यंग्य का निशाना बनाया। व्याकरण और भाषा की शुद्धता द्विवेदीजी का विशेष क्षेत्र था। उसी में गुप्तजी ने उनसे लोहा लिया। द्विवेदीजी की आलोचना उन्होंने आत्माराम के नाम से की थी। द्विवेदी के समर्थकों ने आत्माराम की टें-टें लिखकर उसकी आलोचना की। उन दिनों के अखबार इस प्रकार की चुहलबाजी से भरे रहते थे। द्विवेदीजी ने एक बार 'अस्थिरता' के स्थान में भाषा की 'अनस्थिरता' लिख दी थी। संस्कृत के कायदे से उसका समर्थन करना कठिन था। द्विवेदीजी के समर्थकों ने हिन्दी अनहोनी के आधार पर अनस्थिरता का हिन्दी कायदे से समर्थन किया उसके सम्बन्ध में गुप्तजी लिखते हैं–"अब आप इस बात पर स्थिर हैं कि अस्थिरता हिन्दी से सिद्ध होती है। आपको ऐसी घबराहट में देखकर हमारे एक मित्र ने कहा कि द्विवेदीजी की अस्थिरता अंग्रेजी से साबित हो सकती है। हरबर्ट स्पेन्सर के Education में हमें Unorganizable शब्द मिला, यह भी द्विवेदीजी के ढंग का है। डाकखाने वालों का Unclaimed भी इसी श्रेणी का है। Unknowable की भाँति अनस्थिरता का भी भेद जान लेना सहज नहीं है।"

एक बार द्विवेदीजी ने एक किताब की आलोचना करते हुए *'सुघर रूप सत कवित्त बिन, जिह न रुचत कछु काज'* का अर्थ यह लगा लिया था कि कवि अपने परिचय में अपना रूप सुघर कहता है--यह अनुचित है। वास्तव में इन पंक्तियों का अर्थ यह था कि सुन्दर रूप और अच्छी कविता के सिवा और कुछ अच्छा नहीं लगता है, इस पर गुप्तजी द्विवेदीजी को आड़े हाथों लेते हैं। सुनिए–

"कवि दौड़े कविता के समझने वाले दौड़े, झट से आग में राई नून डाले! द्विवेदीजी के बाद कविता फहमी का मैदान साफ है। फिर ऐसे समझदार कहाँ। लाखों वर्ष में पृथ्वी कभी कोई ऐसा लाल उगल देती है।" यह विपरीत लक्षणात्मक व्यंग्य कुछ अनुदार अवश्य मालूम होता है किन्तु जब यह सोचते हैं कि द्विवेदी जी भी किसी को नहीं छोड़ते थे तब यह व्यंग्य क्षम्य हो जाता है।

साहित्य सभा का कार्टून : द्विवेदीजी ने सरस्वती में साहित्य सभा का एक कार्टून छपवाया था जिसमें गुप्तजी ने द्विवेदीजी को उलटा बना डाला। गुप्तजी लिखते हैं 'पर समालोचना का बन्दर जो आईने में अपना चन्द्रानन आप देख रहा है' न जाने द्विवेदीजी ने क्या समझ कर बनाया। हिन्दी में समालोचक तो वह स्वयं ही हैं। समालोचना की पोथियाँ तक लिख डालीं फिर आप का नाम भी महावीर है। द्विवेदीजी दूसरों को बनाने चले थे स्वयं बन गये!' दोनों ही अब स्वर्गीय हैं, दोनों ही पूज्य हैं *'को बड़ छोट कहत बड़ अपराधू'*।

—ऑल इंडिया रेडियो दिल्ली पर प्रसारित वार्ता के आधार पर।

द्विवेदीजी के काव्य-सम्बन्धी विचार

आचार्यत्व : स्वर्गीय द्विवेदीजी केवल सम्पादक ही न थे वरन् आचार्य और साहित्यिक क्षेत्र के सुधारक भी थे। उनका आचार्यत्व केवल भाषा के संस्कार और लोगों का ध्यान व्याकरणशील बनाने में सीमित न था वरन् उन्होंने अपने समय के काव्य की गति-विधि निश्चित करने में भी बहुत कुछ योग दिया था। उन्होंने समालोचना ही नहीं लिखी थी किन्तु समालोचक के लिए अच्छे काव्य का आदर्श भी बतलाया था। काव्य के पारखियों के लिए उन्होंने कसौटी भी दी थी।

काव्य की कसौटी के सम्बन्ध में काव्य-प्रकाश, साहित्य-दर्पण, रस गंगाधर, काव्यादर्श आदि संस्कृत ग्रन्थों में तो सुन्दर और विशद विवेचना मिलती हैं किन्तु हिन्दी गद्य में इस प्रकार की विवेचना कम मिलती है। नाटक के सम्बन्ध में तो भारतेन्दु बाबू हरिश्चन्द्रजी ने लिखा था और उन्होंने रीतिकाल की इस कमी को पूरा किया था। स्वर्गीय द्विवेदीजी ने काव्य का विवेचन केवल विवेचन के लिए नहीं किया है वरन् क्रियात्मक रूप से तत्कालीन कवियों को पथप्रदर्शन करने के लिए।

रसज्ञ-रंजन : द्विवेदीजी के काव्य-सम्बन्धी विचार बहुत से ग्रन्थों और निबन्धों में बिखरे मिल सकते हैं किन्तु यदि हम उनको किसी सम्बन्ध रूप में देखना चाहें तो रसज्ञ-रंजन में देख सकते हैं। इस पुस्तक में कविता-सम्बन्धी जो पाँच लेख दिये गये हैं, बे सब मौलिक नहीं कहे जा सकते। द्विवेदीजी ने जिन-जिन आधारों पर ये लिखे हैं, उनको स्पष्ट रूप से स्वीकार किया है। किन्तु जिन विचारों को उन्होंने अपनाया है। और जिनकी सराहना की है वे उनके ही कहे जायँगे।

कवि हृदयागत रस : द्विवेदीजी ने कविता के सम्बन्ध में व्यवहार बुद्धि से लिखा है। वे काव्य की आत्मा अलंकार, रस, रीति, वक्रोक्ति या ध्वनि मानने वाले आचार्यों के झगड़ों में नहीं पड़े हैं किन्तु उन्होंने अपने मत में सभी मतों का थोड़ा बहुत सहारा लिया है। वे पारिभाषिक शब्दों के वाक्‌जाल से बहुत दूर रहे हैं। नीचे हम कुछ उद्धरण देते हैं, जिनसे आप देख सकेंगे कि वे कवि के हृदय में रस का होना काव्य के लिए आवश्यक मानते हैं और वे यह भी मानते हैं कि वही सफल कवि है जो उपयुक्त शब्दावली द्वारा पाठकों या श्रोताओं के हृदय में समान भाव उत्पन्न कर सके। वे कविता को प्रभावोत्पादक चाहते हैं और इस कारण उक्ति-वैचित्र्य

के भी पक्ष में हैं। लेकिन वे कोरे वक्रोक्तिवादी (अनूठी) तौर से कहने को ही कविता मानने वाले) नहीं हैं। सच्ची कविता के उन्होंने दो उदाहरण दिये हैं। एक रामचरितमानस से बनगमन समय सीताजी का श्रीरामचन्द्रजी के साथ जाने का आग्रह और दूसरा पंडित श्रीधर पाठक का 'एकान्तवासी योगी' नाम अंग्रेजी से अनुवादित काव्य से अंजलोना की उक्ति। यहाँ पर द्विवेदीजी के काव्य-सम्बन्धी विचारों के उदाहरण दिये जाते हैं–

विचार-सारिणी : 1. "कवियों का यह काम है कि वे जिस पात्र अथवा जिस वस्तु का वर्णन करते हैं, उसका रस अपने अन्तःकरण में लेकर उसे ऐसा शब्दरूप दे देते हैं कि उन शब्दों को सुनने से वह रस सुनने वालों के हृदय में जागृत हो उठता है।"

2. "कविता को सरस बनाने का प्रयत्य करना चाहिए। नीरस पद्यों का कभी आदर नहीं होता। जिसे पढ़ते ही पढ़ने वाले के मुख से 'वाह' न निकले अथवा उसका मस्तक न हिलने लगे, अथवा उसकी दन्त-पंक्ति न दिखलाई देने लगे, अथवा जिस रस की कविता है, उस रस के अनुकूल वह व्यापार न करने लगे, तौ वह कविता कविता ही नहीं, वह तुकबन्दी मात्र है।

3. "जो बात एक असाधारण और निराले ढंग से शब्दों के द्वारा इस तरह प्रकट की जाय कि सुनने वाले पर उसका कुछ न कुछ असर जरूर पड़े, उसी का नाम कविता है।"

4. "प्राचीन कवियों का सारा ध्यान अर्थ की ओर रहता था, भाषा की ओर कम रहता था इसलिए उनकी कविता में हृद-गत-भाव बहुत ही अच्छी तरह से ग्रथित हो जाता था। परन्तु उनके अनन्तर होने वाले कवियों में प्रबन्ध, शब्द-रचना और अलंकार आदि की ओर अधिक ध्यान जाने से कविता में अर्थ-सम्बन्धी हीनता आ गयी है।"

5. "कविता को प्रभावोत्पादक बनाने के लिए उचित शब्द स्थापना की भी बड़ी जरूरत है। किसी मनोविकार का दृश्य वर्णन करने में ढूँढ़-ढूँढ़ कर ऐसे शब्द रखना चाहिए जो सुनने वाले के सामने वर्ण्य विषय का चित्र-सा खीच दें।"

ऐसे बहुत से अमूल्य उद्धरण बिखरे पड़े हैं। उपर्युक्त उद्धरणों से हम कह सकते हैं कि द्विवेदीजी ने यद्यपि किसी एक वाद को नहीं अपनाया है तथापि वे कविता उसी शब्द रचना को कहते हैं जिसमें सत्य पर आश्रित भावों की ऐसी सुन्दर ढंग से अभिव्यंजना की जाय कि पाठकों के मन में समान भाव की उत्पत्ति हो और वे बोल उठें कि सच कहा।

सब वादों की स्वीकृति : द्विवेदी रसवादी भी हैं, (जैसा पहले उद्धरण से विदित होता है)। वक्रोक्तिवादी, अभिव्यंजनावादी भी हैं (जैसा तीसरे उद्धरण से विदित होता है) और प्रभाववादी भी हैं। (जैसा कि दूसरे उद्धरण से लक्षित सोता है)।

द्विवेदीजी चमत्कारवादी हैं। यदि कविता में चमत्कार नहीं तो आनन्द की प्राप्ति नहीं हो सकती किन्तु उसी के साथ वे अलंकारों और शब्दाडम्बर के भी पक्षपाती

नहीं हैं। सब बातों को लेते हुए द्विवेदीजी प्रभावोत्पादन को अधिक महत्त्व देते हुए प्रतीत होते हैं। इसीलिए वे भाषा की शक्ति पर अधिक जोर देते हैं।

द्विवेदीजी ने सभी वादों का कुछ-कुछ लिया है किन्तु उन्होंने किसी एक वाद को भी सर्वप्रधान नहीं कहा है, इसीलिए वे किसी वाद में नहीं हैं।

चमत्कारवाद और प्रभाववाद : चमत्कारवाद का पक्ष और साथ ही अलंकारों का विरोध आदि बातें कुछ लोगों को परस्पर-विरोधी प्रतीत होती हैं। वास्तव में थोड़ी मात्रा में सभी चीजें एक दूसरे की सहायक और पूरक होती हैं। अनुचित मात्रा में विरोध हो जाता है। द्विवेदीजी ने चमत्कारवाद को इसी हद तक माना है कि वह शब्दाडम्बर न बन जाय। जहाँ प्रभाववाद में पड़े, वहाँ उसका यह अर्थ न लेना चाहिए कि कोरा सिर हिलवा देना कविता की इतिकर्तव्यता है। वस्तु-विवेचन सच्चा होना चाहिए। उनके प्रभाववाद में सत्य की उपेक्षा नहीं है। वैसे प्रभाववाद में कहीं-कहीं सत्य की उपेक्षा अधिक हो जाती है।

साधवाद के आश्रय : प्रभाववाद में एक खराबी यह भी है कि किसकी वाह-वाह चाहिए। तुलसीदासजी ने बुधजनों की वाह-वाह चाही है। द्विवेदीजी का भी अभिप्राय बुधजनों से ही समझना चाहिए। इक्के-ताँगे वालों का नहीं। जो कविता इक्के-ताँगे वालों की वाह-वाह ले सकती है, वह आदरणीय नहीं। जिसकी बुधजनों के साथ इक्के-ताँगे वाले भी सराहना कर सकें, वह अवश्य आदरणीय है। वे मिल्टन का उदाहरण देते हुए कविता के लिए तीन गुण आवश्यक समझते हैं–

तीन आवश्यक गुण : "अंगेजी के प्रसिद्ध कवि मिल्टन ने कविता के तीन गुण वर्णन किये हैं। उनकी राय में कविता सादी हो; शब्दाडम्बर दुरूहता और गूढ़ता से दूर अर्थात् प्रसाद गुण से युक्त, जोश से भरी (रसपूर्ण) और असलियत से गिरी न हो।" (कल्पनामय हो किन्तु सत्याश्रित हो)।

द्विवेदीजी छन्द को कविता के लिए आवश्यक नहीं मानते हैं। इसलिए वे अंग्रेजी में किये हुए वर्स (Verse) अर्थात् पद्य और पोइट्री (Poetry) अर्थात् कविता पर जोर देते हैं–

"आजकल लोगों ने कविता और पद्य को एक ही चीज समझ रखा है। यह भ्रम है। कविता और पद्य में वही भेद है जो अंग्रेजी की पोयट्री (Poetry) और वर्स में है। किसी प्रभावोत्पादक और मनोरंजक लेख, बात या वक्तृता का नाम कविता है और नियमानुसार तुली हुई सतरों का नाम पद्य है। जिस पद्य को पढ़ने या सुनने से चित्त पर असर नहीं होता, वह कविता नहीं।"

विशेष विवेचना : द्विवेदीजी ने कविता के सम्बन्ध में चार बातों पर विशेष रूप से विचार किया है। (1) छन्द (2) भाषा (3) अर्थ (4) विषय।

छन्द : द्विवेदीजी छन्द के लिए तुकबन्दी आवश्यक नहीं बतलाते हैं। इसीलिए उन्होंने संस्कृत छन्दों के अनुकरण पर जोर दिया है सम्भव है पं. अयोध्यासिंह उपाध्याय

इसी अपील से प्रभावित हुए हों। (संस्कृत छन्दों में पहले रहीम ने भी कविता की है)। आजकल के कवियों ने हिन्दी के ही छन्दों में अतुकान्त कविता पर द्विवेदीजी के उद्‌देश्य की पूर्णतया पूर्ति की है।

द्विवेदीजी के छन्द-सम्बन्धी विचार बड़े उदार हैं। वे छन्दों में नवीनता चाहते हैं। वे संस्कृत वृत्तों तथा उर्दू तक के छन्दों के पक्ष में हैं।

भाषा : भाषा के सम्बन्ध में द्विवेदीजी कहते हैं कि कवि को ऐसी भाषा लिखनी चाहिए जिसे सब कोई सहज ही समझ लें क्योंकि कविता समझी जाने के लिए ही लिखी जाती है। कविता में व्याकरण के नियमों का भी पूरी तौर से पालन होना चाहिए। उनका कहना है कि शुद्ध भाषा का जितना मान होता है, उतना अशुद्ध भाषा का नहीं। भाषा में शब्दों की उपयुक्तता पर बहुत जोर दिया है। देखिए इस सम्बन्ध में वे क्या कहते हैं–

"विषय के अनुकूल शब्द स्थापन होना चाहिए। कविता एक अपूर्व रसायन है। रसायन सिद्ध करने में आँच के न्यूनाधिक होने से जैसे रस बिगड़ जाता है, वैसे ही यथोचित शब्दों का उपयोग न करने से काव्य रूपी रस भी बिगड़ जाता है। शब्द चुनने में अक्षर मैत्री का विशेष ध्यान रखना चाहिए।"

आचार्य द्विवेदीजी उन लोगों में अग्रगण्य हैं, जिन लोगों ने खड़ी बोली को काव्य की भाषा बनाने का आन्दोलन उठाया था। इस सम्बन्ध में वे लिखते हैं–

"गद्य और पद्य की भाषा पृथक्-पृथक् न होनी चाहिए। हिन्दी ही एक ऐसी भाषा है जिसके गद्य की एक प्रकार की और पद्य में दूसरी प्रकार की भाषा लिखी जाती है।"

अर्थ-सौरस्य : अर्थ के सम्बन्ध में विवेचन करते हुए द्विवेदीजी अर्थ-सौरस्य को कविता का प्राण मानते हैं। इस विषय में वे लिखते हैं।

"कवि जिस विषय का वर्णन करे, उस विषय से उसका तादात्म्य हो जाना चाहिए। ऐसा न होने से अर्थ-सौरस्य नहीं आ सकता। विलाप वर्णन करने में कवि के मन में यह भावना होनी चाहिए कि वह स्वयं विलाप कर रहा है और वर्णित दुःख का अनुभव कर रहा है।"

अर्थ-सौरस्य के सम्बन्ध में वे तीन बातों पर जोर देते हैं–पहली बात कवि की भावुकता और सहृदयता अर्थात् वर्ण्य विषय से कवि का तादात्म्य। दूसरी बात यह है कि जो भाव कवि के हृदय में स्वभाव से उठें उन्हीं का वह वर्णन करे। वलात् किसी अर्थ के लाने की चेष्टा न करनी चाहिए। इससे कविता में अस्वाभाविकता आ जाती है। तीसरी बात अर्थ की अभिव्यक्ति के सम्बन्ध में है। द्विवेदीजी कविता में प्रसाद गुण के पक्ष में हैं। वे चाहते हैं कि अपने मनोनीत अर्थ को इस प्रकार व्यक्त किया जाय कि पद्य पढ़ते ही पढ़ने वाले उसे तत्क्षण हृदयंगम कर सकें; किलष्ट कल्पना अथवा सोच विचार करने की आवश्यकता न पड़े।

शब्दों का नाप-तोल : द्विवेदी चाहते हैं कि कविगण शब्दों को तोल-तोल कर विषय और प्रसंग के अनुकूल रखें। बामा, तन्वी, गृहलक्ष्मी, रमणी, महिला आदि सब पर्यायवाची शब्द हैं किन्तु प्रत्येक शब्द प्रसंग में शोभा नहीं देगा। महिला परिषद् की जगह तन्वी परिषद् कहना अच्छा नहीं लगेगा। द्विवेदीजी निरर्थक या भर्ती के शब्दों के पक्षपाती नहीं हैं। न वे शब्दों की तोड़-मरोड़ चाहते हैं। इसीलिए वे बार-बार तुकबन्दी के खिलाफ आवाज उठाते हैं।

दोष शून्यता : आचार्यजी कविता को निर्दोष देखना चाहते हैं, इस सम्बन्ध में वे कहते हैं–

''अश्लीलता और ग्राम्यता गर्भित अर्थों से कविता को कभी न दूषित करना चाहिए। न देशकाल तथा लोक आदि के विरुद्ध कोई बात कहना चाहिए'' (देश और काल-सम्बन्धी दूषण अवश्य खटकते हैं किन्तु अधिक या न्यून पद और मामूली बात में अति संस्कृति दोष भी उपेक्षणीय हो सकता है यदि काव्य सरस हो) द्विवेदीजी मम्मट की परिभाषा के 'अदोषौ' शब्द से प्रभावित प्रतीत होते हैं। जिन लोगों ने द्विवेदीजी द्वारा की हुई 'कालिदास की निरंकुशता' शीर्षक आलोचना पढ़ी है, वे जानते होंगे कि उन्होंने दोषों को कितना महत्त्व दिया है। इस सम्बन्ध में लोग उनकी निर्भीकता की तारीफ करते हैं। निर्भीकता तारीफ की वस्तु अवश्य है क्योंकि हमारे देश में पूर्वजों के अत्यधिक आदर के कारण मौलिकता आने में कुछ बाधा पड़ती है किन्तु निर्भीकता केवल निर्भीकता के लिए नहीं होनी चाहिए। बड़े आदमी के खिलाफ दस-बीस बातें कहने को ही शाबासी देना अच्छा नहीं। कालिदास की प्रखर प्रतिमा के सामने न्यून पदत्व या अधिक पदत्व दोष नगण्य हो जाते हैं। स्वयं कालिदासजी के शब्दों में कहा जा सकता है– *'एकोहिदोषो गुण सन्निपाते निमज्जतीन्दो किरणेष्विवांक'*। गुणों के इकट्ठे होने पर एक दोष इसी प्रकार विलीन हो जाता है जिस प्रकार किरणों के बाहुल्य में चन्द्रमा का कलंक। दोषों से बचना सोने में सुगन्ध की बात हो जाती है किन्तु मुख्य और गौण बात में भेद रखना चाहिए। कविता में रस मुख्य है, निर्दोषता गौण बात है और दोष भी सब बराबर नहीं होते। हाथ धोकर भोजन न करना दोष है किन्तु इतना बड़ा नहीं जितना कि किसी का सर काट लेना। द्विवेदीजी भी स्वयं सब दोषों को बराबर महत्त्व देने वाले लोगों में नहीं थे। वे गुण-दोष का अनुमान जानते थे किन्तु उससे प्रभावित प्राचीनता के उपासक आलोचक पारिभाषिक दोषों को खोज निकालने में ही आलोचक के कर्म की इतिश्री समझ लेते हैं, यह बुरा है। इस थोड़े-से प्रसंगान्तर के लिए पाठकों से क्षमा चाहता हूँ। यह बात स्पष्ट कर देना मैं आवश्यक समझता था।

काव्य का विषय : काव्य विषय के सम्बन्ध में द्विवेदीजी के विचार बड़े महत्त्व के हैं। रीतिकाल के संकुचित वातायनहीन भवन में भारतेन्दु हरिश्चन्द्र ने आलोक आने के लिए दो एक वातायन खोल दिये थे, किन्तु वे काफी नहीं थे। विषय विस्तार के

लिए कड़ी आवाज लगायी जाने की जरूरत थी और आचार्यजी ने इस सम्बन्ध में तत्कालीन कवियों को अच्छा उपदेश दिया है। आचार्य द्विवेदीजी का युग निर्माता कहा जाना इस अर्थ में सार्थक है। विषय विस्तार की इस काल में भी आवश्यकता है। कविता का पुराना भवन ढह कर नया भवन अवश्य बन गया है। किन्तु अब भी उस भवन के विस्तार की आवश्यकता है। विषय विस्तार के सम्बन्ध में नीचे उद्धृत किये हुए वाक्य बड़े मार्मिक हैं—

''चींटी से लेकर हाथी पर्यन्त पशु, भिक्षुक से लेकर राजा पर्यन्त मनुष्य, बिन्दु से लेकर समुद्र पर्यन्त चल, अनन्त आकाश, अनन्त पृथ्वी, सभी से उपदेश मिल सकता है और सभी के वर्णन से मनोरंजन हो सकता है। फिर क्या कारण है कि इन विषयों को छोड़ कर कोई-कोई कवि स्त्रियों की चेष्टाओं का वर्णन करना ही कविता की चरम सीमा समझते हैं? केवल अविचार और अन्ध परम्परा।'' मैं स्त्रियों के 'बायकॉट' करने के पक्ष में तो नहीं हूँ क्योंकि वे चींटी और जुगनू से नहीं—न ही हाथी से भी बढ़ कर महत्त्व इस जगत में रखती हैं किन्तु कविता स्त्री केन्द्रित न होनी चाहिए। वैसे तो शास्त्रों में कहा है *'यत्र नार्यस्तु पूज्यन्ते रमन्ते तत्र देवताः'* किन्तु इस पूजा में और चीज की उपेक्षा न होनी चाहिए। पूज्य द्विवेदीजी ने संसार की स्त्रियेतर वस्तुओं की ओर लोगों का ध्यान आकर्षित कर सच्चे नेता का काम किया है। हर्ष की बात है कि वर्तमान युग में काव्य विषय के सम्बन्ध में पहले का-सा संकोच नहीं है। अब कलेजे के दो टूक करने वाले भिखारी, काश्मीर, सृष्टि, प्रलय, बन, पर्वत, कछार, वियना की सड़क सभी पर कविता लिखी जाती है किन्तु अब विस्तार की आवश्यकता है। कविता को जीवन से अधिक सम्पर्क में आना चाहिए।

शक्ति और अभ्यास : द्विवेदीजी ने कवियों के नैसर्गिक शक्ति और अभ्यास दोनों को आवश्यक माना है। कवि हीरे की भाँति पैदा अवश्य होते हैं किन्तु उनके गढ़े जाने की भी आवश्यकता है। द्विवेदीजी ने कवि की शिक्षा के सम्बन्ध में क्षेमेन्द्र के उदाहरण दिये हैं, वे बड़े महत्त्वपूर्ण हैं। आजकल के कवियों को उनसे शिक्षा लेनी चाहिए। कवि में सहृदयता, विस्तृत निरीक्षण, अध्ययन, अभ्यास और व्यवहार की उदारता अत्यन्त आवश्यक है। क्षेमेन्द्र का बताया हुआ कवि बनने का नुस्खा देखिए। क्षेमेन्द्र के नुस्खे में बढ़े हुए बाल और फाउन्टेन पेन की कमी है। बिचारे के समय में फाउन्टेन पैन था ही नहीं, क्या करता?

संक्षेप : संक्षेप में हम कह सकते हैं कि द्विवेदीजी ने निम्नलिखित बातों पर जोर देकर अपने समय के कवियों का पथप्रदर्शन किया है—

1. काव्य का विषय विस्तार।
2. कवि की भावुकता और उसके हृदय की सत्यता।
3. कविता में सादगी और आडम्बरशून्यता।
4. छन्दों में नवीनता, संस्कृत छन्दों का प्रयोग और तुकबन्दी का विरोध।

5. कविता में सत्य का आधार।

6. कविता में व्याकरण के नियमों का पालन।

रसज्ञ-रंजन में कविता में उर्मिला-सम्बन्धी उदासीनता शीर्षक लेख द्विवेदीजी का नहीं है तथापि द्विवेदीजी ने उसको मुख्यता देकर श्री मैथिलीशरणजी को साकेत लिखने की आन्तरिक प्रेरणा दी। इसी प्रकार संस्कृत छन्दों का पक्ष लेकर उपाध्यायजी को प्रिय-प्रवास लिखने में प्रेरित किया। द्विवेदीजी की दो प्रेरणा के दो अमूल्य रत्न वर्तमान हिन्दी-साहित्य का गौरव बढ़ा रहे हैं। गोविन्द की अपेक्षा गुरु का महत्त्व अधिक है। *'बलिहारी वा गुरु की जिन गोविन्द दियो बताय।'*

द्विवेदीजी आलोचक के रूप में

त्रिसूत्री अध्ययन : आचार्य द्विवेदी हमारे सामने कई रूपों में आते हैं। उनमें समालोचक का रूप कुछ विशेषता रखता है, क्योंकि उसका सम्बन्ध 'सरस्वती' के प्रायः बीस वर्ष के सम्पादन से है। समालोचक के लिए यह आवश्यक नहीं कि वह सम्पादक ही हो किन्तु यदि वह सम्पादक के आसन पर विराजमान हो, तो आलोचना का कार्य उसके जीवन के कार्य से सम्बन्धित हो जाता है। द्विवेदीजी उन लोगों में से थे जो किसी काम को बेगार के रूप में नहीं करते थे। इसलिए उनकी आलोचनाओं और टिप्पणियों में बड़े अध्ययन और मनोयोग का परिचय मिलता है। इसलिए उनकी आलोचनाओं ने साहित्य-निर्माण में बहुत कुछ योग दिया है।

द्विवेदीजी की आलोचनाओं के सम्बन्ध में हमको तीन बातों पर विचार करना चाहिए—(1) उनके आलोचना-सम्बन्धी सिद्धान्त, (2) उनकी लिखी हुई आलोचनाएँ, (3) आलोचकों में उनका स्थान।

गौण और मुख्य : द्विवेदीजी के आलोचना-सम्बन्धी सिद्धान्त उनके कतिपय लेखों में बिखरे हुए मिलते हैं। उनके लेखों से यह प्रकट होता है कि वे केवल गुण-दोष निरीक्षण में आलोचक की इतिकर्तव्यता नहीं समझते थे। द्विवेदीजी सम्पादकों को समालोचकों और लेखकों का 'कर्त्तव्य' शीर्षक लेख में लिखते हैं—

"छन्द, अलंकार आदि तो गौण बाते हुईं, इन्हीं पर जोर देना अविवेकता प्रदर्शन के सिवा और कुछ नहीं। व्याकरण आदि की भूलें होती किससे नहीं? अंग्रेजी, फारसी, अरबी, संस्कृत आदि भाषाओं के बड़े-बड़े विद्वानों ने क्या इसी तरह की भूलें नहीं कीं? पर इससे क्या उनके ग्रन्थों की प्रतिष्ठा कुछ कम हो गयी है? किसी पुस्तक या प्रबन्ध में क्या लिखा गया है, किस ढंग से लिखा गया है, वह विषय उपयोगी है या नहीं, उससे किसी का मनोरंजन हो सकता है या नहीं, उससे किसी को लाभ पहुँच सकता है या नहीं, लेखक ने कोई नयी बात लिखी है या नहीं, यदि नहीं तो उसने पुरानी ही बात को नये ढंग से लिखा है या नहीं—यही विचारणीय विषय हैं। समालोचक को प्रधानतः इन्हीं बातों पर विचार करना चाहिए। लेखक ने अपने लेख या पुस्तक को जिस उद्देश्य से लिखा है, वह यदि सिद्ध होता है तो समझना चाहिए कि उसने अपने कर्त्तव्य का पालन कर दिया।"

गुण-दोष विवेचन : किन्तु इसी के साथ किसी काव्य के गुण दोषों को बतलाना, द्विवेदीजी समालोचक का प्रमुख कर्त्तव्य समझते थे, यदि उसमें कोई व्यक्तिगत द्वेष भावना न हो। उन्होंने कवि-कुल-गुरु कालिदास की कविता में बड़ी निर्भीकता से काव्य और छन्द-सम्बन्धी दोष दिखलाये हैं और अपने इस कार्य का जोर से समर्थन भी किया है। द्विवेदीजी ने जो दोष दिखलाये हैं वे यद्यपि नये नहीं हैं, तथापि वे उनकी निर्भीकता और उनके प्रगाढ़ अध्ययन का परिचय देते हैं। आचार्य द्विवेदीजी प्राचीन कवियों के काव्यों में दोषोद्‌भावना के सम्बन्ध में लिखते हैं–

"जिस देश के पढ़े-लिखे लोगों का यह हाल है कि पुराने ग्रन्थों के दोष दिखलाना वे पाप समझते हैं, उनमें गुण-दोष निर्णायक शक्ति, बतलाइए, कैसे उत्पन्न हो सकती है? ऐसी शक्ति उत्पन्न हो या न हो, बोलो मत। वाल्मीकि और कालिदास के दोष दिखलाकर नरक में जाने का उपक्रम मत करो। यदि समालोचना किए बिना न रहा जाय तो प्राचीन ग्रन्थकारों के गुण ही गुण गावो। जब उन्हें सुनते-सुनते लोग ऊब जायँ, तब दोष दिखाना। भाषा-विज्ञान और गुण-दोष विवेचनात्मक आलोचना सीखने के लिए गवर्नमेन्ट भारतीय युवकों को विलायत भेजे तो उसे भेजने दें। तुम क्यों पुराने पंडितों के दोष दिखाकर व्यर्थ के लिए पातक मोल लेते हो।"

द्विवेदीजी ने अपने कथन की पुष्टि में रवीन्द्रनाथ, अरविन्द घोष, मेकडोनैल, ईश्वरचन्द्र विद्यासागर आदि विद्वानों का उदाहरण देकर बतलाया है कि उन्होंने कालिदास की किस प्रकार से आलोचना की थी। इन उदाहरणों से विदित होगा कि द्विवेदीजी यद्यपि समालोचक के कर्त्तव्य में लेखक की विशेषताएँ और कथित विषय का पाठकों को परिचय देना भी समालोचक का कर्त्तव्य मानते हैं तथापि उसके काव्य में दोष बतलाने को वे मुख्यता देते हुए प्रतीत होते हैं।

एकांगिता न हो : दोष-दर्शन बुरा नहीं है। पुस्तकें जनता की सम्पत्ति होती हैं और उनमें दोष-दर्शन करना कोई बुरी बात नहीं। इससे लेखकों में सावधानी और सचेतता रहती है किन्तु केवल दोषोद्‌भावना समालोचना में एकांगीपन उत्पन्न कर देती है। कालिदास की निरंकुशता और स्वर्गीय रायबहादुर ला. सीतारामजी की हिन्दी कालिदास की आलोचनाएँ इसी प्रकार की एकांगी आलोचनाएँ हो गयी हैं। केवल दोषोल्लास पढ़कर पाठक को यह धारणा होने लगती है कि लेख में सिवा दोषों के कुछ नहीं है। यदि दोषों के साथ गुणों और विशेषताओं का भी वर्णन हो, तो पाठक को गुण और दोषों का अनुपात मालूम हो जायगा और उसकी जानकारी भी बढ़ेगी।

रू-रियायत नहीं : मेरे कहने का यह अभिप्राय नहीं कि द्विवेदीजी ने अपनी आलोचनाओं में केवल दोष-दर्शन ही किया है या जिनमें दोष-दर्शन किया है वह किसी द्वेष-भावना से किया था। द्विवेदीजी की जो आलोचनाएँ सम्पादकीय कुर्सी से लिखी गयी हैं उनमें बहुत से में तारीफ और बुराई दोनों ही हैं किन्तु जहाँ

बुराई करने का अवसर आया है, वहाँ उसको व्यक्त करने में उन्होंने रू-रियायत नहीं की है। रू-रियायत करना वे सम्पादकीय कर्त्तव्य के विरुद्ध समझते थे और यह बात बहुत अंश में ठीक भी थी किन्तु यह कहना होगा कि यह निर्भीकता कहीं-कहीं उचित मात्रा से अधिक हो जाती थी। वे हिन्दी लेखकों की कोई भी कमजोरी क्षम्य नहीं समझते थे। यदि कोई आफत का मारा लेखक या प्रकाशक अच्छी समालोचना के लिए निजी पत्र भी लिख देता, तो वे उसका उद्घाटन किये बिना नहीं रहते। इतनी विवेचना के पश्चात् हम द्विवेदीजी की आलोचना पद्धति पर प्रकाश डालना चाहते हैं।

निर्णयात्मक आलोचना : आलोचना की कई शैलियाँ हैं, उनमें निर्णयात्मक और व्याख्यात्मक प्रमुख हैं। निर्णयात्मक आलोचना उसको कहते हैं, जिसमें किसी रचना की आलोचना शास्त्रीय नियमों के आधार पर की जाती है। काव्य-शास्त्र सम्बन्धी पुस्तकों में जो काव्य के गुण-दोष बतलाये गये हैं उनके आधार पर पुराने ग्रन्थों में तत्कालीन साहित्य की आलोचना होती थी। मम्मट, विश्वनाथ आदि आचार्यों ने गुण-दोषों की विवेचना करते हुए प्रमुख ग्रन्थों से उदाहरण दिये हैं। द्विवेदीजी ने भी कालिदास की निरंकुशता आदि ग्रन्थों में इसी प्रकार की आलोचना की है। कालिदास के ग्रन्थों में व्याकरण के दोष, छन्द के दोष, न्यूनपदत्व, अधिकपदत्व, औचित्य आदि के दोष दिखलाये हैं।

व्याख्यात्मक का आभास : इनके पढ़ने से विद्यार्थी का दोष-सम्बन्धी ज्ञान बढ़ जाता है। वह काव्य के इस अंग को समझ जाता है। किन्तु लेखक की विशेषताओं पर उसका कम ध्यान जाता है। वह यह नहीं जानता कि कालिदास में कौन-से गुण थे, जिनके कारण उनको यह आसन मिला। इस सम्बन्ध में यह अवश्य कहा जा सकता है कि वह एक निबन्ध मात्र था। द्विवेदीजी ने कालिदास पर कोई पुस्तक नहीं लिखी। अस्तु 'विक्रमांकदेव चर्चा' में हम व्याख्यात्मक शैली का कुछ प्रयास पाते हैं। उसमें कवि का वर्णन और उसके काव्य का सहृदयता पूर्ण परिचय मिलता है। द्विवेदीजी ने बहुत-सी आलोचनाएँ ऐसी भी लिखी थीं, जिनमें केवल पुस्तक का सार ही दिया गया था। उदाहरणार्थ लोकमान्य तिलक के 'गीता रहस्य' की आलोचना। इस आलोचना में भी गुण-गान के साथ थोड़ा दोष-निरूपण है किन्तु बहुत स्वल्प मात्रा में।

तुलनात्मक का पूर्वरूप : अश्वघोषकृत सौन्दरनन्द काव्य में अश्वघोष की कालिदास से थोड़ी-बहुत तुलना भी है। इसको हम तुलनात्मक आलोचना का पूर्व रूप कह सकते हैं। पंडित नन्दलाल विश्वनाथ दुबे के शकुन्तला के अनुवाद की आलोचना* में भी थोड़ी-सी तुलनात्मक आलोचना है किन्तु इसको हम उन

*आलोचनाएँ द्विवेदीजी की आलोचनाजंलि में देखी जा सकती हैं।

आलोचनाओं में रक्खेंगे जिसमें उन्होंने लेखक की कलई खोलने में कसर नहीं छोड़ी है। यद्यपि पुस्तक के जो उदाहरण दिये गये है। उनसे मालूम तो ऐसा ही पड़ता है कि पुस्तक बहुत अच्छी नहीं है तथापि जो गलती करता है वह उपहास का पात्र नहीं, दया का पात्र है।

पं. पद्मसिंह शर्मा की शैली : इस आलोचना में द्विवेदीजी पं. पद्मसिंह शर्मा की तीक्ष्ण शैली से समानता प्राप्त कर लेते हैं। पं. पद्मसिंह शर्मा ने जिस निर्दयता से 'सतसई-संहार' नामक लेख में पं. ज्वालाप्रसाद मिश्र की आलोचना की है, उसी निर्दयता से द्विवेदीजी ने दुबेजी की आलोचना की है। आलोचना में दुबेजी के पुत्र को भी नहीं छोड़ा है। जो कुछ कहा गया है सत्य अवश्य है किन्तु बड़ा अप्रिय सत्य हो गया है। द्विवेदीजी सत्य को प्रिय बनाने की परवाह नहीं करते थे।

व्यंग्य-बाण : इसी प्रकार भाषा, पद्य, व्याकरण की आलोचना में भी आपने लेखक महोदय पर खूब व्यंग्य-बाण चलाये हैं, देखिए—

''हाँ, महाराज! आप विद्वान्, आप आचार्य, आप प्रधान पंडित, आप विख्यात पंडित और हम अगाध अज्ञ और दुर्जन, क्योंकि हमें आपका व्याकरण सन्तोषप्रद नहीं। सरकार की सेवा करते-करते और प्रधानतया संस्कृत पढ़ाते-पढ़ाते आपने अज्ञता और दुर्जनता की अच्छी पहचान बतायी। आपकी संस्कृतज्ञ लेखनी सचमुच विलक्षणता की कामधेनु है।''

अहम्मन्य लोगों के लिए ऐसी भाषा लिखना अधिक दोषपूर्ण नहीं किन्तु हमारे मत से तो वे भी दया के पात्र हैं। यह मतभेद की बात है किन्तु जहाँ कहीं सीधे-सादे आदमियों को उन्होंने अपने व्यंग्य-बाणों का शिकार बनाया है, वहाँ मेरी समझ में अन्याय किया गया है।

प्रशंसापूर्ण आलोचनाएँ : द्विवेदीजी हिन्दी में भिन्न-भिन्न विषयों पर लेख और पुस्तकें लिखवाना चाहते थे। ऐसी पुस्तकों की आलोचना में द्विवेदीजी ने पाठकों का खूब ज्ञान विस्तार किया है। ये आलोचनाएँ सम्पादकीय गौरव को बढ़ाती हैं। द्विवेदीजी की प्रोत्साहन और प्रशंसापूर्ण आलोचनाओं का थोड़ा-सा उदाहरण नीचे दिया जाता है। 'भारत-भारती' की आलोचना में द्विवेदीजी लिखते हैं—

''यह काव्य वर्तमान हिन्दी-साहित्य में युगान्तर उत्पन्न करने वाला है। वर्तमान और भावी कवियों के लिए यह आदर्श का काम देगा। यह सोते हुओं को जगाने वाला है, भूले हुओं को ठीक राह पर लाने वाला है। निरुद्योगियों को उद्योगशील बनाने वाला है; आत्म-विस्मृतों को पूर्वस्मृति दिलाने वाला है। इसमें वह संजीवनी शक्ति है जिसकी प्राप्ति हिन्दी के और किसी भी काव्य से नहीं हो सकती है।''

ऐसी प्रोत्साहन-पूर्ण आलोचना ने गुप्तजी को महाकवि बनाने में बहुत कुछ सहायता दी होगी। गुप्तजी ने भी साकेत की भूमिका में द्विवेदीजी का ऋण स्वीकार किया है। पुस्तक के लिए जो कुछ कहा गया है अनुचित नहीं है। राष्ट्रीय जागृति

में भारत-भारती ने बहुत कुछ काम किया है। ठाकुर गोपालशरणसिंह की कविताओं की भी द्विवेदीजी ने मुक्तकंठ से प्रशंसा की थी।

जोरदार भाषा : द्विवेदीजी ने सरकारी विभागों की रिपोर्टों पर जो आलोचनाएँ लिखी हैं, वे बड़ी विद्वत्ता, मननशीलता और कुशाग्र बुद्धि का परिचय देती हैं। कहीं-कहीं तो द्विवेदीजी सच्चे देशभक्त की भाँति सात्त्विक क्रोध से तिलमिला उठते हुए मालूम होते हैं और उनकी भाषा बड़ी जोरदार हो जाती है। देखिए–

"बड़े ही अफसोस की बात है कि इस सूबे में जिले की हाकिमी करके और हजारों देहातियों की दुर्दशा का चित्र आँखों देखकर भी एडी साहब कचहरी जाना और रेल से सफर करना दीन दुखिया किसानों के लिए आमोद-प्रमोद और मनोरंजन में दाखिल समझते हैं और इन बातों के वे उनके मुतमौवल होने का प्रमाण मानते हैं। भेड़ बकरियों की तरह रेल के डिब्बों में भर जाना, धक्के खाना, और 5 रुपये की दीवानी की नालिश के लिए खेती, किसानी का काम छोड़कर महीनों कचहरियों में मारे-मारे फिरना भी यदि मनोरंजन और चित्र-दर्शन में शामिल समझा जा सकता है तो 24 घंटे में एक बार रूखी-सूखी मकई की रोटी से पेट भर लेना शायद मोहनभोग का मजा लूटने में भी दाखिल समझा जायगा।"

पाँच विशेषताएँ : इस प्रकार से क्या साहित्य की आलोचना में और क्या राजनीतिक रिपोर्टों की आलोचना में--द्विवेदीजी ने अपनी जोरदार लेखनी का परिचय दिया है। उनकी लेखनी से बहुत से लोग रुष्ट भी हुए होंगे, बहुत प्रसन्न भी किन्तु वे अपने विचार में एक रेखा-मात्र भी नहीं झुके। संक्षेप में हम उनकी आलोचनाओं की पाँच विशेषताएँ बतला सकते हैं–

1. घोर निर्भीकता–जो कहीं-कहीं लोगों को अरुचिकर और कभी दोष भी हो जाती थी।
2. प्रगाढ़ पांडित्य–जिसमें प्राचीन साहित्य और पुरातत्त्व सम्बन्धी बातों से विशेष सम्पर्क रहता था। उनकी आलोचना की कसौटी अधिकतर देशी रहती थी।
3. लेखकों के रचना-सम्बन्धी दोषों को सहन न करना। 'भारं न बाधते राजन् यथा बाधति बाधते' की-सी बात उनमें बहुत कुछ थी।
4. अपने मत को जोरदार भाषा में प्रकट करना। उनकी आलोचनाओं में हास्य और व्यंग्य की मात्रा कुछ अधिक रहती थी।
5. विषय-विवेचन में बड़ी सावधानी और सतर्कता से काम लेना। नयी बात को बड़े सरल शब्दों में बड़ी स्पष्टता के साथ समझाना।

द्विवेदीजी का स्थान : समालोचकों में द्विवेदीजी का स्थान बतलाना बड़ा कठिन है। किसी का स्थान निर्धारित करना बड़े उत्तरदायित्व का काम है। हम द्विवेदीजी का ऐतिहासिक महत्त्व अधिक मानते हैं। वे समालोचना के भवन में पहली

ईंट जमाने वालों में से थे। पुस्तकाकार आलोचनाएँ शायद पहले-पहल उन्होंने ही प्रकाशित की थीं।

द्विवेदीजी का स्थान निर्धारित करने में हम को यह न भूल जाना चाहिए कि जिस समय उन्होंने आलोचना का कार्य प्रारम्भ किया था, उन दिनों विदेश में भी आलोचना का आदर्श निश्चित नहीं हुआ था। स्वदेश में तो गुण-दोष विवेचन बहुत दिनों से आलोचना का लक्ष्य चला आ रहा था और उनके समय विदेश में भी कुछ ऐसा ही हाल था। द्विवेदीजी अपने समय से प्रभावित थे। उनके ऊपर भी बहुत कुछ आक्षेप हुए थे और शायद अदले का बदला देने की प्रवृत्ति ने उनमें दोष-दर्शन की प्रवृत्ति को प्रबल कर दिया।

तुलना : यद्यपि मिश्र बन्धुओं से द्विवेदीजी का वाद-विवाद रहा है तथापि द्विवेदीजी और इन लेखकगणों के समालोचना-सम्बन्धी आदर्श कुछ बातों में मिलते हैं। गुण-दोष-विवेचन के सम्बन्ध में तो मिश्र-बन्धुओं के विचार भी उनसे कुछ मिलते-जुलते हैं, किन्तु भाषा विवेचन, अलंकारों की विवेचना तथा अन्य विशेषताओं के उद्घाटन में मिश्र बन्धुओं की आलोचनाएँ कुछ नवीनता लिए हुए होती हैं। पं. पद्मसिंह शर्मा और द्विवेदीजी दूसरों की हँसी उड़ाने में एक से हैं। द्विवेदीजी की आलोचना अधिक शास्त्रीय हो जाती थी। शर्माजी अपनी पसन्द के कवि की प्रशंसा में जमीन-आसमान के कुलाबे मिला देते थे, यह बात द्विवेदीजी में नहीं थी। शर्माजी तुलनात्मक आलोचना में सिद्धहस्त थे। हास्य और व्यंग्य के होते हुए भी द्विवेदीजी में कुछ अधिक संयम था। भारतीय पद्धति का आधार लेने में तो शुक्लजी और द्विवेदीजी की समानता है किन्तु शुक्लजी समालोचना की विदेशी पद्धति का भारतीय पद्धति के साथ समन्वय करने में अधिक समर्थ हुए हैं। उनकी आलोचनाएँ नवीन रचनाएँ होती हैं। द्विवेदीजी की आलोचनाएँ आलोचनाएँ ही रहती थीं। द्विवेदीजी की अपेक्षा शुक्लजी का हास्य भी कुछ गम्भीर है। यह द्विवेदीजी का दोष नहीं, पचास वर्ष पहले पैदा होना पाप नहीं है। द्विवेदीजी ने अपने समय के ज्ञान से पूरा-पूरा लाभ उठाया था। वे अपने समय से किसी अंश में आगे भी बढ़े थे। उन्होंने समालोचना-साहित्य की नींव डाली। हिन्दी-साहित्य को अच्छी-अच्छी आलोचनाएँ दीं। लेखकों को प्रोत्साहन दिया और उनको सतर्क भी किया। प्रायः बीस वर्ष तक सरस्वती द्वारा हिन्दी-साहित्य पर एक छत्र शासन कर साहित्य के निर्माण में बहुत कुछ योग दिया। हिन्दी-साहित्य पूज्य द्विवेदीजी की सेवाओं के लिए चिरऋणी रहेगा।

शुक्लजी की विचार-समन्वित

विषयगत प्रतिभा : आचार्य शुक्लजी ने अपनी 'चिन्तामणि' द्वारा हिन्दी निबन्ध-साहित्य को शैली की वैयक्तिकता और उसके पूर्ण सौष्ठव के साथ एक ठोस और सुसंगत विचार-सामग्री प्रदान की है। उनके निबन्ध विषयगत होते हुए भी केवल शास्त्रीय सिद्धान्तों के उद्‌घाटन मात्र नहीं हैं वरन् उनमें शैली और विचारधारा का एक सुखद निजीपन है जिसको उनके हास्य-व्यंग्य की प्रासंगिक चुटकियों ने और भी निखार दिया है। इस प्रकार वे पूर्णतया वैयक्तिक भी हैं। उनके निबन्धों को समझने के लिए उनकी प्रतिभा का कुछ परिचय प्राप्त कर लेना आवश्यक है—उनकी प्रतिभा का मुख्य गुण है विषयगतता (Objectivity) वे कोरे हवाई किले नहीं बनाना चाहते वरन् भावपक्ष को विभावपक्ष पर आश्रित रखना चाहते हैं। वे कलापक्ष को भी निरावलम्ब नहीं रखना चाहते इसीलिए वे रहस्यवाद के विरुद्ध हैं (क्योंकि उसका विभावपक्ष जिज्ञासा का विषय है और उसमें मूर्तता, सगुणता और वैयक्तिकता नहीं है जो प्रेम के लिए आवश्यक है) और वे कोरे अभिव्यंजनावाद और कलावाद को साहित्य के लिए अहितकर समझते हैं।

मुक्तावस्था : शुक्लजी की विचारधारा में वैयक्तिकता है किन्तु वह वैयक्तिकता की पोषक नहीं है। वे कविता को लोक-सामान्य की भाव-भूमि पर लाकर कवि के हृदय को वैयक्तिक क्षुद्रताओं से मुक्त कर देते हैं। जिस प्रकार आत्मा की मुक्तावस्था ज्ञान दशा कहलाती है, उसी प्रकार हृदय की वह मुक्तावस्था (जिसमें अपनी प्रथम सत्ता की धारणा से छूटकर अपने आपको बिल्कुल भूलकर—विशुद्ध अनुभूति मात्र रह जाता है) रस दशा कहलाती है। हृदय की इसी मुक्ति की साधना के लिए मनुष्य की वाणी जो शब्द-विधान करती आयी है उसे कविता कहते हैं...कविता ही मनुष्य के हृदय को स्वार्थ-सम्बन्धों के संकुचित मंडल से ऊपर उठाकर लोक-सामान्य की भाव-भूमि पर ले जाती है, जहाँ जगत की नाना गतियों के मार्मिक स्वरूप का साक्षात्कार और शुद्ध अनुभूतियों का संचार होता है।

लोक-धर्म का प्राधान्य : तुलसी, सूर और जायसी की व्यावहारिक आलोचनाएँ भी इसी मानदंड से प्रभावित हैं। तुलसी को उन्होंने इसी से शीर्ष-स्थान दिया है कि उसमें लोक-धर्म की प्रतिष्ठा है। जायसी में भी छप्पर छाने के बहाने उन्होंने

लोक-धर्म के कण खोज निकाले हैं। यद्यपि मैं स्वयं उस उक्ति को लाक्षणिक ही समझता हूँ तथापि उसमें लोक-धर्म की स्थापना शुक्लजी की लोक-धर्म मनोवृत्ति की परिचायक है। शुक्लजी की कला कला के लिए नहीं वरन् जीवन के लिए है। जीवन की अनेकरूपता में उनका हृदय रमा है और उसी के अनुकूल भावों की अनेकरूपता चाही है।

राम का आदर्श : शुक्लजी काव्य में जीवनगत मूल्यों को मान देते हैं?। उनके लोक हित के आदर्श तुलसी के मर्यादा पुरुषोत्तम राम हैं। उनके वन-गमन के सौन्दर्य पर वे मुग्ध हैं क्योंकि उसमें लोक का आकर्षण है, उसमें कर्त्तव्य-पालन की ध्वनि है और वह शील समन्वित है– *'सादर बारहिबार सुभाय चितै तुम क्यों हमरो मन मोहै'*। उनका शील उनके सौन्दर्य में वह गुण ले आया है जिसके आगे लोक हृदय को झुकना पड़ता है और वह अन्त में भक्तों के हृदय की कुटिलाई को हरता है–

''प्रभु सप्रेम पछितानि सुहाई।
हरउ भगत मन की कुटिलाई॥''

राम की भक्ति शील-समन्वित होने के कारण रावण की-सी साक्षरता परायण राक्षसता नहीं, जिसने देवताओं, ऋषियों और सात्त्विक वृत्ति के लोगों का नामक में दम कर रखा था। उनकी शक्ति *'परेषां परिपीड़नाय'* न होकर *'परेषां रक्षणाय'* थी। उनका क्रोध भी सात्त्विक क्रोध था जो दूसरों पर किये हुए अत्याचार को देखकर तिलमिला उठता है (चिन्तामणि में तुलसी का भक्ति-मार्ग और मानस की धर्म-भूमि पढ़िए) उनकी प्रतिभा की विषयगतता के अनुकूल ही उनके मन में लोक-सामान्य की भाव-भूमि और लोक-धर्म की प्रतिष्ठा है। उनके इस नैतिकवाद में ही भारतीय साधारणीकरण की संगति है। विचारों की अनुपम संगति उनकी प्रतिभा की तार्किक विशेषता है।

मनोवैज्ञानिक निबन्धों का साहित्यिक पक्ष : चिन्तामणि भाग एक के भी दो भाग हैं—एक मनोवैज्ञानिक, दूसरा साहित्यिक। मनोवैज्ञानिक निबन्ध भी बहुत अंश में साहित्यिक ही है। उन निबन्धों में सात का सम्बन्ध तो सात रसों के स्थायी भावों से है। उत्साह का सम्बन्ध वीर रस से है, इसको ही उन्होंने प्रथम स्थान दिया है क्योंकि उनका दृष्टिकोण कर्त्तव्यपरायण था। कविता में भी उन्होंने सिद्धावस्था की अपेक्षा साधनावस्था को जिसमें सुख-सम्पत्ति के उपभोग का नहीं वरन् उसकी प्राप्ति और उपलब्धि के अर्थ वीरतापूर्ण प्रयत्नों का जैसे रामचरितमानस में है, वर्णन आता है, महत्त्व दिया है।

श्रद्धा-भक्ति : करुणा का सम्बन्ध करुण रस से है, क्रोध का रौद्र से, भय का भयानक से, घृणा का वीभत्स से, लोभ और प्रीति का शृंगार से तथा श्रद्धा-भक्ति शान्त रस से सम्बन्धित हैं। श्रद्धा-भक्ति में भी उनके काव्य के आदर्शों की झलक है। श्रद्धा और भक्ति दोनों में ही महान व्यक्तियों की महत्ता की आनन्दपूर्ण स्वीकृति

रहती है। ईर्ष्या में दूसरे की महत्ता की दुखःपूर्ण स्वीकृति होती है। और उसकी महत्ता को नष्ट करने की प्रवृत्ति रहती है। श्रद्धा में उस महत्ता को स्वयं ही स्वीकार नहीं किया जाता वरन् दूसरों द्वारा भी उसके स्वीकार कराने में प्रसन्नता का अनुभव होता है। यहाँ श्रद्धा और प्रेम में अन्तर है। प्रेम एकान्तिक होता है। वह प्रेमास्पद पर एकाधिकार चाहता है किन्तु श्रद्धा अपने भाव में दूसरे के साझे के लिए उत्सुक रहती है। भक्ति में श्रद्धा और प्रेम मिल जाते हैं और वह भक्त को कर्त्तव्योन्मुख बनाकर उत्थान की ओर ले जाता है। ''श्रद्धालु महत्त्व को स्वीकार करता है, पर भक्त महत्त्व की ओर अग्रसर होता है। श्रद्धालु अपने जीवन-क्रम को ज्यों का त्यों छोड़ता है; पर भक्त उसकी काट-छाँट में लग जाता है।'' जीवन का उत्थान ही शुक्लजी की सिद्धान्त-साधना का परम लक्ष्य है।

करुणा : करुणा तो रस के मूल में ही बैठी रहती है क्योंकि करुणा में ही परदुखानुभूति और सहानुभूति रहती है जो रस का मूल है—करुणा ही मनुष्य को लोकहिताय प्रवृत्त करती है और परपीड़न की अधमाई से बचाती है। करुणा को शुक्लजी ने व्यापक अर्थ में लिया है। कौशल्या की *'सावन गरजै, भादौं बरसै, पवन चलै पुरवाई, कौन विरिछतर भीजत हैं राम लखन दोऊ भाई'* की वात्सल्यमयी चिन्ता और यशोदा को *'सन्देसो देवकी सों कहियौ'* की सुख की निश्रयता में भी अनिश्रयता देखने वाली प्रेम की आशंकाओं के चित्रण के साथ वियोगमयी नायिका की चिन्ताप्रेरित प्रियतम के अनिष्ट की आशंका भी आ जाती है—

''नदी किनारे घुआँ उठत है, मैं जानू कछु होय।
जिसके कारण मैं जली, वही न जलता होय॥''

करुणा को ऐसा मनोवेग बतलाया है कि जो करुणा के पात्र से बदले के व्यवहार की अपेक्षा नहीं करता। करुणा का बदला कृतज्ञता से हो सकता है किन्तु करुणा नहीं (जैसा कि प्रेम में प्रतिस्पन्दन अपेक्षित होता है वैसा तद्रूप प्रतिस्पन्दन करुणा में नहीं)। लज्जा और ग्लानि का अन्तर भरत की ग्लानि की व्याख्या में सार्थक हुआ है। लोभ और प्रीति का अन्तर जायसी में रत्नसिंह के प्रारम्भिक प्रेम दशा की आलोचना में उपयोग में आता है। इस प्रकार हम देखते हैं कि मनोविकारों के विश्लेषण का शुक्लजी ने अपनी व्यावहारिक विवेचना में पूरा-पूरा उपयोग किया है।

घृणा : घृणा, भय, क्रोध क्रमशः वीभत्स, भयानक और रौद्र के स्थायी भाव हैं। घृणा के वर्णन में वैयक्तिकता की अपेक्षा सार्वजनिकता को अधिक महत्त्व दिया गया है। 'वैर का आधार व्यक्तिगत होता है, घृणा का सार्वजनिक—पर घृणा का नाम सुनकर अधिकतर यही अनुमान होता है कि समाज के लक्ष्य का आदर्श का विरोध हुआ है' शुक्लजी का घृणा का भाव भौतिक की अपेक्षा सामाजिक और नैतिक अधिक है। घृणा और क्रोध को उन्होंने प्रेक्ष्य मनोवेगों में रखा है, अर्थात् जिनके द्वारा दूसरे के मन में समान भाव की उत्पत्ति होती है। इसलिए उन्होंने बतलाया है कि ये दोनों

ही मनोविकार ऐसे हैं जिनको कि सावधानी से अपने मन में स्थान देना चाहिए।

सात्त्विक क्रोध : शुक्लजी ने उसी सात्त्विक क्रोध को महत्त्व दिया है जो अत्याचारी के अत्याचार देखने पर प्रकट होता है। वैयक्तिक क्रोध को वे उतना महत्त्वपूर्ण नहीं समझते। भय की स्थिति से बचने के लिए शुक्लजी ने दो ही उपाय बताये हैं—एक, यह कि हम किसी की हानि न करें और दूसरा, यह कि हम में इतनी शक्ति हो कि दूसरे के आक्रमण को विफल कर सकें। यहाँ पर शुक्लजी के द्वारा अनुमोदित भगवान राम के शील और शक्ति-सम्बन्धी दैवी गुण आ जाते हैं। इस प्रकार हम देखते हैं कि शुक्लजी द्वारा जो मनोवेगों का विश्लेषण हुआ है उसमें लोकहित का प्राधान्य है, यह सब उनकी विषयगत प्रतिभा का ही प्रभाव है।

साधरणीकरण और व्यक्ति-वैचित्र्यवाद : जैसा कि हम ऊपर कह चुके हैं, साधरणीकरण लोक-सामान्य भाव-भूमि के नैतिक पक्ष का साहित्यिक पर्याय है। शुक्लजी ने साधरणीकरण की समस्या का विवेचन साधरणीकरण और व्यक्ति-वैचित्र्यवाद के अध्याय में किया है। समस्या संक्षेप में इस प्रकार है कि अभिव्यंजनावाद के प्रवर्तक क्रोचे (Croce) ने दो तरह का ज्ञान माना है—एक, कल्पनाप्रसूत स्वयं प्रकाशमान (Intention) जो व्यक्ति का होता है, इसका सम्बन्ध कला और साहित्य से है और दूसरा, बौद्धिक ज्ञान जिसका सम्बन्ध विज्ञान और दर्शन के सामान्य बोधों (Concepts) से है। इस सम्बन्ध में वे लिखते हैं, काव्य का विषय सदा विशेष होता है 'सामान्य' नहीं, वह व्यक्ति सामने लाता है, जाति नहीं। हमारे यहाँ साधरणीकरण पर महत्त्व दिया गया है। प्रश्न यह उपस्थित हो जाता है कि क्रोचे का यह सिद्धान्त कि साहित्य का सम्बन्ध व्यक्तियों से है, हमारे यहाँ के साधरणीकरण के सिद्धान्त के विरुद्ध तो नहीं पड़ता है। इस समस्या का समाधान इस प्रकार किया गया है 'विभावादि साधारणतया प्रतीत होते हैं, इस कथन का अभिप्राय यह नहीं है कि रसानुभूति के समय श्रोता या पाठक के मन में आलम्बन आदि विशेष व्यक्ति या विशेष वस्तु की मूर्त भावना के रूप में न आकर सामान्यतः व्यक्ति मात्र या वस्तु मात्र (जाति) के अर्थ संकेत के रूप में आते हैं (कहने का तात्पर्य यह है कि काव्य के विषय व्यक्ति ही रहते हैं, वे सामान्य या जाति नहीं बन जाते हैं) साधरणीकरण का अभिप्राय यह है कि पाठक या श्रोता के मन में जो व्यक्ति विशेष या वस्तु विशेष आती है, वह जैसे काव्य में वर्णित 'आश्रय' के भाव का आलम्बन होती है, वैसे ही सब सहृदय पाठकों या श्रोताओं के भाव का आलम्बन हो जाती है...इससे सिद्ध हुआ कि साधरणीकरण आलम्बनत्व धर्म का होता है व्यक्ति तो विशेष ही रहता है; पर उसमें प्रतिष्ठा ऐसे सामान्य धर्म की रहती है जिसके साक्षात्कार से सब श्रोताओं या पाठकों के मन में एक ही भाव का उदय थोड़ा या बहुत होता है। तात्पर्य यह है कि आलम्बन रूप में प्रतिष्ठित व्यक्ति समान प्रभाव वाले कुछ धर्मों की प्रतिष्ठा के कारण सबके भावों का आलम्बन हो जाता है।'

शुक्लजी के उपर्युक्त विवेचन में भी कविता के सम्बन्ध में वर्णित लोक-सामान्य भाव-भूमि की झलक आ जाती है। कविता के आलम्बन में ऐसे गुण होते हैं जिनसे सभी लोग कविता के आश्रय के साथ तादात्म्य कर लेते हैं। ऐसे आलम्बन के पीछे हमको तुलसी के राम झाँकते हुए दिखाई पड़ते हैं। शुक्लजी ने आश्रय के साथ तादात्म्य के कुछ अपवाद भी बताये हैं जैसे पाठक लक्ष्मण के प्रति किये हुए क्रोध में परशुराम के साथ भाव-तादात्म्य नहीं कर सकते हैं और न सीता के प्रति व्यक्त किये हुए रावण के भर्त्सनापूर्ण शृंगारिक भावों में योग दे सकते हैं। यहाँ पर शुक्लजी ने कवि या शील-द्रष्टा के साथ भाव-तादात्म्य की कल्पना की है। यद्यपि यह कल्पना नितान्त आवश्यक नहीं है। हम यदि रावण और परशुराम के साथ भाव-तादात्म्य नहीं कर सकते तो सीता और लक्ष्मण के साथ कर ही सकते हैं तथापि उनके शील-द्रष्टा में लोक-धर्म की प्रतिष्ठा हो जाती है।

शील-वैचित्र्य : शुक्लजी ने साहित्य का विषय व्यक्ति माना है किन्तु उसकी सीमा रखी है कि नितान्त विलक्षण न हो जाय। शुक्लजी ने शील-वैचित्र्य को माना है। उन्होंने शील-वैचित्र्य तीन प्रकार का माना है। पहला जिसमें आश्चर्यपूर्ण प्रसाद न होता है अर्थात् जहाँ शील का चरमोत्कर्ष दिखाई देता है, जैसे भरत या सत्य हरिश्चन्द्र के चरित्र में, दूसरा आश्चर्यपूर्ण अवसादन, जहाँ शील का चरम पतन दिखाई देता है, जैसे रावण या मिहिरकुल के चरित्र में। पहला चरित्र सात्त्विक की श्रेणी में आयेगा और दूसरा तामसिक की श्रेणी में। उनमें वैचित्र्य और असाधारणता होते हुए भी किसी विशेष वर्ग या प्रकृति के भीतर बाँधे जाने की क्षमता रहती है। किन्तु एक तीसरा वर्ग भी माना गया है जो किसी वर्ग के भीतर न जाकर केवल कौतूहलवर्द्धक होता है। इसीलिए आचार्य शुक्लजी ने डंटन (Theodre Watts Dunton) के निरपेक्ष या नाटकीय दृष्टिकोण को जिसमें संसार से विलक्षण को ही मान दिया जाता है, अस्वाभाविक और असाहित्यिक ठहराया है। शुक्लजी लिखते हैं—"अतः हमारे देखने में ऐसी मनोवृत्ति का प्रदर्शन, जो किसी दशा में किसी की हो ही नहीं सकती, केवल ऊपरी मन-बहलाव के लिए खड़ा किया हुआ कृत्रिम तमाशा ही होगा।"

रसानुभूति : आचार्य शुक्लजी की विषयगतता ने प्रत्यक्ष में रसानुभूति के विधान की ओर भी ध्यान आकर्षित किया है जिसको प्राचीन आचार्यों ने नहीं स्वीकार किया है। 'हमारा कहना यह है कि जिस प्रकार काव्य में वर्णित आलम्बनों के कल्पना में उपस्थित होने पर साधारणीकरण होता है, उसी प्रकार हमारे भावों के कुछ आलम्बनों के प्रत्यक्ष सामने आने पर भी उन आलम्बनों के सम्बन्ध में लोक के साथ या कम से कम सहृदयों के साथ हमारा तादात्मय रहता है। ऐसे विषयों का आलम्बनों के प्रति हमारा जो भाव रहता है, वही भाव और भी बहुत से उपस्थित मनुष्यों का रहता है। वे हमारे और लोक के सामान्य आलम्बन रहते हैं', ऐसी रसानुभूति दुखद अनुभवों

के सम्बन्ध में भी हो सकती है यदि उसमें वैयक्तिक सम्बन्ध से मुक्ति प्राप्त रहे। यदि क्रोध अपनी हानि के सम्बन्ध में न हो और शोक भी अपने सम्बन्ध में न हो, तब वह इस दशा को प्राप्त होता है। इसीलिए शुक्लजी ने शोक और करुणा का भेद बतलाया है। शोक अपनी हानि के सम्बन्ध में होता है और करुणा दूसरे की हानि के सम्बन्ध में। शुक्लजी के इस वर्णन-विवेचन की महत्ता स्वीकार करते हुए भी हमें कहना पड़ेगा कि रसानुभूति के लिए, हमको प्रत्यक्ष से कुछ ऊँचा उठना पड़ता हैं, प्रत्यक्ष की प्रतीति में भी थोड़ी कल्पना मिली रहती है, चाहे वह कल्पना का व्यापार अप्रत्यक्ष ही क्यों न हो। इस प्रकार की रसानुभूति में शुक्लजी प्राचीनकाल के भट्ट लोल्लट के निकट आ जाते हैं, जिन्होंने मूल अनुकार्यों में रस माना था। कल्पनाशील और संस्कारी पुरुषों के मन में ही करुणा जागृत होती है। प्रत्यक्षानुभववादी बनकर ही रसानुभूति का विषय नहीं बनता वरन् उसमें थोड़ा कल्पना का पुट आवश्यक हो जाता है। Wordsworth के 'Recollected in transquility' के सत्य को भी हमें न भूलना चाहिए। शुक्लजी ने स्मृति और कल्पना को प्रत्यक्ष पर आधारित किया है, इसमें किसी को मतभेद न होगा। रसानुभूति में प्रत्यक्ष को महत्ता देना शुक्लजी की विषयगत मनोवृत्ति का परिचायक है।

शुक्लजी के मनोवैज्ञानिक निबन्ध

गद्य : यद्यपि अभी कविता कामिनी का न रंग ही पीला पड़ा है और न उसके रम्य रत्नाभरण ही ढीले हुए हैं और इस *'भजकलदारं महामन्त्रप्रबोधित'* काल में भी 'कामायनी' जैसे महाकाव्य की सृष्टि हुई है, तथापि बुद्धिबाद और उपयोगितावाद के स्पन्दनों से अनुप्राणित इस युग की आत्मा गद्य से अधिक मेल खाती है। जादू वह है जो सर पर चढ़ कर बोले। आजकल का पद्य भी गद्योन्मुख हो चला है।

निबन्ध का महत्त्व : गद्य का शाब्दिक अर्थ है जो बोला जाय किन्तु नित्य के व्यवहार की वस्तु होने पर भी इसमें *'अति परिचयादवज्ञा'* का नियम नहीं लगता। इस यन्त्र-प्रधान लोह-युग में ही नहीं वरन् अपेक्षाकृत प्राचीन स्वर्णयुग में भी इसका मान रहा है *'गद्य कवीनां निकषं वदन्ति'* गद्य को कवियों की कसौटी कहा है। इस गर्वोन्नत गद्य के अनेक रूप हैं। उनमें हम निबन्ध को उसका निजी रूप कह सकते हैं। क्योंकि उसमें हम वस्तु और आकार का पूर्ण सामंजस्य पाते हैं।

उपकरण बुद्धि : जब आजकल के छायावादी कवि मानसिक मर्यादाओं को और वस्तुग्राही बुद्धिवादी भौतिक सीमाओं को क्रूर विस्फोटकों द्वारा भंग करने में व्यग्र हों तब निबन्ध की ही सीमा कहाँ निर्धारित की जा सकती है? परिभाषा देना तो बहुत कठिन है परन्तु इतना कहना सत्य से परे न होगा कि निबन्ध वह रचना है जिसमें अपेक्षाकृत सीमित परिमाण के भीतर एक सुखद निजीपन और स्वच्छन्दता के साथ भावों और विचारों का क्रमबद्ध उद्घाटन किया गया हो।

अंग्रेजी के Essay शब्द का अर्थ है प्रयास। उसमें उसकी अपूर्णता और स्वच्छन्दता की ओर संकेत है। हिन्दी निबन्ध में क्रम और संगठन की व्यंजना है। निबन्ध पद्य में भी हो सकता है, जैसे द्विवेदीजी का 'हे कविते' किन्तु गद्य उसके विशेष अनुकूल है।

वर्गीकरण : निबन्धों का वर्गीकरण भी उतना ही कठिन है जितना उनकी सीमा निर्धारित करना किन्तु मोटे तौर से हम यह कह सकते हैं कि निबन्ध तीन प्रकार के होते हैं—वर्णन-प्रधान, भाव-प्रधान और विवेचना-प्रधान। यह विभाजन केवल प्रधानता पर ही अवलम्बित है। इसमें लक्ष्मणजी की-सी बाँधी हुई कोई अनुल्लंघनीय मर्यादा नहीं। सहित होने का भाव तो साहित्य का जन्मजात गुण है।

पूर्व के युग : आचार्य शुक्लजी के पूर्व निबन्धों के दो युग रहे हैं—एक हरिश्चन्द्र युग, दूसरा द्विवेदी युग। शुक्लजी को हम चाहे युग-निर्माता न कहें क्योंकि निर्माताओं की आवश्यकता प्रारम्भिक काल में ही पड़ती है (बालकों के प्रौढ़ता प्राप्त कर लेने के पश्चात् कहानी के राजा की बेटियों की भाँति सब अपने-अपने भाग का खाते हैं) किन्तु यह बात निर्विवाद है कि गद्य-साहित्य की और विशेषकर निबन्ध-साहित्य की प्रतिष्ठा बढ़ाने में शुक्लजी अद्वितीय हैं। इस नाते हम उनको युग-निर्माता भी कहें तो कुछ अनुचित न होगा। व्यक्ति-पूजा का मैं पक्षपाती नहीं तथापि प्राप्य और उचित श्रेय को न देना भी पाप समझता हूँ।

हरिश्चन्द्र-युग के निबन्धों में जानकारी बढ़ाने के साथ चमत्कार-प्रदर्शन और जिन्दादिली की मात्रा अधिक थी। उन लेखों में भावात्मकता का भी पुट बहुतायत से रहता था। वे हिन्दी के हँसने खेलने के दिन थे। द्विवेदी-युग में हिन्दी को स्कूली शिक्षा मिली, उस समय के निबन्धों में ज्ञान विस्तार की प्रवृत्ति अधिक थी किन्तु उनमें विस्तार के साथ गहराई की अपेक्षाकृत कमी रही। भावात्मकता ने धीरे-धीरे गद्य-काव्य के रूप में अपना स्वतन्त्र राज्य स्थापित कर लिया। इसलिए उस समय के साधारण निबन्धों में उसका पुट अधिक न दिखाई दिया। द्विवेदीजी ने अंग्रेजी और मराठी के उच्च कोटि के निबन्धों का अनुवाद कर पाठकों का मानसिक धरातल ऊँचा किया। बेकन के निबन्धों का अनुवाद हुआ किन्तु बेकन के-से निबन्ध नहीं लिखे गये। जूठी पत्तल चाटने की बात रही। निबन्धों के क्षेत्र में गूढ़ विवेचन और सूक्ष्म विश्लेषण को लाने का श्रेय आचार्य शुक्लजी को है। जो स्थान उपन्यास-साहित्य में मुंशी प्रेमचन्दजी का था वही स्थान निबन्ध-साहित्य में आचार्य शुक्लजी का है।

दो प्रकार के लेख : शुक्लजी के अधिकतर विवेचन-प्रधान निबन्ध लिखे हैं, जिनमें समास-शैली का प्रधान्य है। शुक्लजी के निबन्धों में जो सिद्धान्तों की उदाहरणों द्वारा व्याख्या की जाती है। उसमें व्यास शैली का पुट रहता है। विषय के हिसाब से हम उनके दो विभाग कर सकते हैं, एक वे जो जीवन से सम्बन्ध रखने वाले हैं और दूसरे वे जो साहित्य-शास्त्र के विषय को लेकर चले हैं और जिनमें उनके आचार्यत्व की छाप है। ये दोनों विभाग भी अन्योन्य-बहिष्कारक नहीं हैं। वास्तव में जितना सम्बन्ध जीवन और साहित्य का है उतना ही सम्बन्ध इन दोनों प्रकार के निबन्धों का है। शुक्लजी के जीवन-सम्बन्धी लेखों में हम उनके उत्साह, करुणा, भय, ईर्ष्या, लोकप्रीति, श्रद्धा-भक्ति आदि मनोवैज्ञानिक लेखों को लेंगे और साहित्यिक लेखों में कविता क्या है, साधरणीकरण और व्यक्ति-वैचित्र्यवाद तथा रसात्मक-बोध के विविध रूप आयेंगे।

मौलिकता : यह कहना कि शुक्लजी के निबन्धों में कोई नयी बात नहीं, उनके साथ अन्याय करना होगा। वैसे तो दुनिया में कुछ भी नया नहीं, सभी वेदों में

बीज-रूप से मौजूद हैं। इस लेख में शुक्लजी के मनोवैज्ञानिक या जीवन-सम्बन्धी निबन्धों पर विचार किया जायगा।

रस से सम्बन्ध : ये निबन्ध जीवन से सम्बन्ध अवश्य रखते हैं किन्तु इनका सम्बन्ध रस-शास्त्र से है क्योंकि इनके वर्ण्य-विषय या तो रस से सम्बन्ध रखने वाले स्थायी भाव या संचारी भाव हैं। स्थायी भावों में उत्साह, करुणा, घृणा, भय, क्रोध और प्रेम गिनाये जा सकते हैं। भक्ति को चाहे प्रेम का भाव मान लें और चाहे स्वतन्त्र रूप से भक्ति-रस का स्थायी भाव। इनमें उत्साह और प्रेम सुखमय मनोविकारों से सम्बन्ध रखते हैं और करुणा, भय, क्रोध और घृणा को दुःखमय मनोवेगों में स्थान देंगे। श्रद्धा, बैर, ईर्ष्या आदि मनोवेग नहीं हैं, वरन् भावमय वृत्तियाँ हैं जिन्हें अंग्रेजी में सेंटीमेंट कहते हैं। मनोवेग और भावमय वृत्ति में अन्तर यह है कि भावमय वृत्ति (Sentiment) अपेक्षाकृत स्थायी होती है। मनोवेग हमेशा नहीं रह सकते। उनमें तीव्रता अधिक होती है किन्तु व्यापकता कम। शुक्लजी ने क्रोध और बैर का सम्बन्ध बतलाते हुए इस भेद की ओर संकेत किया है। 'बैर, क्रोध का अचार या मुरब्बा है।' अचार या मुरब्बे में ताजे फल-की-सी सद्यता तो नहीं होती वरन् स्थायित्व अधिक होता है। बैर और क्रोध में भी यही बात है। बैर भावमय वृत्ति है—क्रोध मनोवेग है। श्रद्धा भी एक भावमय वृत्ति है जो हर समय रहती है। लज्जा, ग्लानि आदि संचारी हैं।

भावी आलोचनाओं के आधार : ये निबन्ध मनोवैज्ञानिक हैं किन्तु इनमें शुक्लजी के जीवन-सिद्धान्त निहित हैं तथा उनकी भावी आलोचनाओं के विचारात्मक अंश के (कलात्मक अंश नहीं) बीज भी इन्हीं में मिलते हैं। इस प्रकार इन निबन्धों में वे सम्बन्ध तन्तु मिलते हैं जो उनकी सारी कृतियों को संगठित किये हुए हैं। यद्यपि आचार्य शुक्लजी ने कभी भभूत रमा कर राम-भक्ति के बीत नहीं गाये और न मंच पर आकर देशभक्ति का राग अलापा तथापि वे रामभक्ति, देशभक्ति और प्राकृतिक सौन्दर्य की उपासना में किसी से कम न थे। ये सभी प्रकार के प्रेम उनके जीवन-प्रेम के अन्तर्गत कहे जा सकते हैं। उनका यह जीवन-प्रेम वैयक्तिक जीवन का प्रेम नहीं, वरन् जीवनमात्र का है। यही प्रेम उनकी कविता की परिभाषा का आधार-स्तम्भ है। 'कविता ही मनुष्य के हृदय को स्वार्थ-सम्बन्धों के संकुचित मंडल से ऊपर उठा कर लोक सामान्य भाव-भूमि पर ले जाती है।' इस लोक सामान्य-भूमि के जीवन-प्रेम में हम उनकी रामभक्ति की कुंजी पा सकते हैं। राम के जीवन के कर्त्तव्य-सौन्दर्य ने तो उनकी सारी विचारधारा को प्रभावित कर रक्खा है। *'नाते सर्व राम के मनियत सुहृद्द सुसेव्य जहाँ लौं।'* राम के जीवन का कोई-न-कोई पक्ष इन निबन्धों में लवण की भाँति मिला हुआ है। उत्साह में कर्मभावना की, जो राम के लोकरक्षक जीवन का रहस्य है श्रेष्ठता दिखाई है। करुणा, क्रोध और घृणा में वे प्रेरक शक्तियाँ हैं जो मनुष्य को कर्त्तव्य भूमि की ओर अग्रसर करती हैं और जिनका सम्बन्ध श्रीरामजी

के लोक-संग्रह-प्रधान कार्यों से है। सात्त्विक क्रोध की उन्होंने भूरि-भूरि प्रशंसा की है और इसमें गाँधीवाद और उनके मूल टालस्टाय के मत से स्पष्ट विरोध प्रकट करने में आचार्य ने जरा भी संकोच नहीं किया है। लज्जा और ग्लानि का अन्तर बतला कर वे भरत के लोक-पावन-चरित की व्याख्या कर सके हैं। लोभ और प्रीति में हमको जायसी, सूर और तुलसी की प्रेम-सम्बन्धी विवेचनाओं की आधार-शिला मिल जाती है। श्रद्धा और भक्ति में भी राम के शील और कर्त्तव्य-सौन्दर्य पर प्रकाश है और उसी के साथ उस भक्ति का त्यागमय आदर्श भी बतलाया गया है, जो सच्चे राम-भक्त में होना चाहिए।

भय का सम्बन्ध भी शील और शक्ति के सदुपयोग से है। ईर्ष्या का कोई प्रकृत-सम्बन्ध उनकी आलोचनाओं से नहीं प्रतीत होता, यदि हो तो नागमती के असूया भाव से हो सकता है। ईर्ष्या को क्रोध से पृथक् करने के लिए भी ईर्ष्या का निरूपण आवश्यक था। क्रोध को शुक्लजी क्षम्य मानते हैं किन्तु ईर्ष्या को वे पाप कहते हैं।

इन निबन्धों में अन्तः निरीक्षण और बाह्य निरीक्षण दोनों के सुन्दर उदाहरण मिलते हैं। बाह्य निरीक्षण शुक्लजी का कुछ विस्तृत है। वह वास्तविक जीवन से भी है और जीवन के प्रतिबिम्ब स्वरूप साहित्य से भी।

हास्य-व्यंग्य : इस प्रकार हम देख सकते हैं कि शुक्लजी के निबन्ध मनोवैज्ञानिक और विवेचनात्मक होते हुए भी जीवन से पूरा लगाव रखते हैं। शुक्लजी के सात्त्विक क्रोध, लोकरक्षा के भाव तथा उनके मार्मिक व्यंग्य उनके निबन्धों को लोहे के चने होने से बचाये रखते हैं। उनमें चनों का-सा ठोस और पौष्टिक खाद्य है किन्तु उस स्वाद की भी कमी नहीं जिसके कारण बन्दी सम्राट् शाहजहाँ ने चने को अपना एकमात्र खाद्य चुना था। कहीं-कहीं तो वे चने कुछ जोर गरम का रूप धारण कर लेते हैं, जैसे 'जिनके पास कुछ रुपया है...अत्यन्त भीरु और कायर होकर (राय) बहादुर कहलाते हैं।' 'मोटे आदिमियो! तुम जरा-सा दुबले हो जाते—अपने अन्देशों से ही सही तो न जाने कितनी ठठरियों पर मांस चढ़ जाता' अमीरों का चिन्ताशील न होना ही तो गरीबी का कारण है।

शुक्लजी के निबन्धों में पहले एक बात सूत्र-रूप से कही जाती है फिर उसकी विश्लेषणात्मक व्याख्या की जाती है और जीवन के लिए हुए उदाहरणों द्वारा वह बात स्पष्ट की जाती है। उनके उदाहरण बड़े मार्मिक होते हैं। शुक्लजी सिद्धान्त की गगनचुम्बी अट्टालिका के साधारण लोगों के धरातल पर उतर आना जानते हैं। बेकन, कारलायल, इमर्सन आदि में इतना उतार-चढ़ाव, नहीं जितना कि हम शुक्लजी में देखते हैं।

जीवन से सम्पर्क : वास्तव में जीवन से सम्पर्क उनकी विचारधारा की कुंजी है, यह भाव उनकी सभी आलोचनाओं तथा निबन्धों में ओत-प्रोत है। जीवन से सम्पर्क हटने के कारण ही उन्होंने छायावाद का विरोध किया। जीवन से सम्बन्ध ही उनकी

कविता की परिभाषा का मूल स्वर है। प्रकृति को आलम्बन रूप मानते हुए भी उसमें मानव-जीवन के सम्बन्ध को वे मुख्यता देते हैं। शुक्लजी में सम्बन्ध-भावना बड़ी प्रबल थी। वे वस्तु को उनके स्वाभाविक सम्बन्धों से अलग निरपेक्ष रूप में नहीं देखना चाहते थे। वे विशिष्ट में साधारण को और साधारण में विशिष्ट को देखते थे। इसीलिए वे जीवन सम्पर्क विहीन केवल सैद्धान्तिक देशभक्ति के विरोधी थे और ऐसे देशभक्तों की हँसी उड़ाने में कमी नहीं छोड़ते थे। देखिए–''जो आँख भर यह भी नहीं देखते कि आम प्रणय-सौरभ-पूर्ण मंजरियों से कैसे लदे हुए हैं, जो यह भी नहीं झाँकते कि किसानों के झोंपड़ों के भीतर क्या हो रहा है, वे यदि दस बने-ठने मित्रों के बीच प्रत्येक भारतवासी की औसत आमदनी का पर्ता बता कर देश-प्रेम का दावा करें तो उनसे पूँछना चाहिए कि भाइयो! बिना परिचय के यह प्रेम कैसा? जिनके सुख-दुख के तुम कभी साथी न हुए उन्हें तुम सुखी देखना चाहते हो, यह समझते नहीं बनता। उनसे कोसों दूर बैठे-बैठे, पड़े-पड़े या खड़े-खड़े तुम विलायती बोली में अर्थ-शास्त्र की दुहाई दिया करो पर प्रेम का नाम उसके साथ न घसीटो'' (कैसी निर्भीक और व्यंग्यपूर्ण भाषा है यही विचार की ऊँची सुर्री से सामान्य धरातल पर उतरना है)।

सूक्तियाँ : विशेष और साधारण के समन्वय के ही कारण हम उनके निबन्धों की सूक्तियों के साथ उदाहरण और उदाहरण के साथ सूक्तियों का समावेश पाते हैं। जब वे उदाहरणों से सूक्तियों पर आते हैं तब वे आगमनात्मक (Inductive) पद्धति पर आते हैं और जब सूक्ति से उदाहरणों पर जाते हैं तब वे निगमन के क्षेत्र में आते हैं। शुक्लजी की सूक्तियों में गूढ़ सिद्धान्त मुरब्बे की तरह सुरक्षित रहते हैं–'बैर क्रोध का अचार या मुरब्बा है', 'लोभ समान्योन्मुख होता है और प्रेम विशेषोन्मुख', 'श्रद्धा और प्रेम के योग का नाम भक्ति है', 'भक्ति धर्म की रसात्मक अनुभूति है।' 'यदि प्रेम स्वप्न है तो श्रद्धा जागरण है,' 'मनोवेग वर्जित सदाचार दम्भ या झूठी कवायद है'।

विचारात्मक निबन्धों का आदर्श : शुक्लजी की शैली का विवेचन करना तो इस लेख का विशेष ध्येय नहीं, तथापि उनकी साधारण रूपरेखा बता देना अनुपयुक्त न होगा। शुक्लजी की शैली समस्त विवेचनात्मक शैली है। उसमें एक विचार से दूसरे विचार ऐसे स्वाभाविक क्रम से निकलते आते हैं मानो वे उसमें पहले से ही गुथे हों। विवेचना के साथ उनके निबन्धों में भावुकता की भी झलक मिल जाती है। शुक्लजी की शैली पत्थर-सी ठोस अवश्य है, किन्तु वह सूखे पत्थरों-सी नहीं वरन् उन पत्थरों की-सी है, जिनसे रसस्राव होता है। हम उनकी शैली के बारे में अधिक न कहकर शुक्लजी के ही शब्दों में उत्तम विचारात्मक शैली का आदर्श देते हैं जो कि उनके निबन्धों में पूर्णतया चरितार्थ होती है–

''शुद्ध विचारात्मक निबन्धों का चरम उत्कर्ष वही कहा जा सकता है जहाँ

एक-एक पैराग्राफ में विचार दबा-दबा कर कसे गये हों और एक-एक वाक्य किसी सम्बद्ध विचार खंड को लिए हो।"

निजी विशेषताएँ : यहाँ पर यह बतला देना अनुपयुक्त न होगा कि शुक्लजी की निजी विशेषता क्या है? हमने निबन्ध की परिभाषा में बतलाया है कि निबन्ध में एक निजीपन रहता है, किसी में विनोदप्रियता का, किसी में भावुकता का तो किसी में विद्रोह और विस्फोट का। वैसे तो विवेचनात्मक निबन्धों में निजीपन की कम गुंजायश रहती है। तर्क व्यक्तित्व का बाधक होता है तथापि हमें शुक्लजी के विवेचना-प्रधान लेखों में भी उनकी आत्मा झाँकती हुई मिल जाती है। उनकी आत्मगत विशेषता का ऊपर उल्लेख हो चुका है किन्तु उसको स्पष्ट रूप से दुहरा देना राम-नाम की भाँति पुनरुक्ति दोष न होगा। यह विशेषता है मानव-जीवन के प्रति न्यायपरक अनुराग की, जो कि उनके राम के आदर्श में मूर्तिमान हो रहा है, जिसे कहानियों में हम सुनते हैं कि बहुत से आदमियों की जान तोते या और पक्षी के रूप में किसी पिंजरे में बन्द रहती थी, उस पक्षी को मार देने से वह मनुष्य भी मर जाता था। इसी प्रकार शुक्लजी के निबन्धों में जीवन के प्रति कर्त्तव्यपूर्ण अनुराग निकाल दिया जाय तो उनमें कोई शक्ति नहीं रह जाती।

सूक्ष्म विश्लेषण : हमने शुक्लजी के निबन्धों को मनोवैज्ञानिक कहा है किन्तु इनमें मनोविज्ञान का विधिवत् शास्त्रीय विवेचन नहीं है और न इनमें कोई विधान ही दृष्टिगोचर होता है। उसको हम शुक्लजी का दोष न कहेंगे क्योंकि उन्होंने मनोवैज्ञानिक निबन्ध लिखे हैं न कि मनोविज्ञान शास्त्र। फिर भी उनमें भावों का सूक्ष्म विश्लेषण मिलता है, जिसका बड़ा मनोवैज्ञानिक महत्त्व है। इनमें से दो-एक बातें मौलिक भी हैं, जैसे मनोविकारों का उनके प्रेष्य या अप्रेष्य होने के आधार पर वर्गीकरण। जो मनोविकार या भाव दूसरे में समान भाव उत्पन्न करता है वह प्रेष्य वर्ग में आता है–जैसे घृणा और क्रोध और जो समान भाव नहीं उत्पन्न करते हैं उनकी अप्रेष्य संज्ञा है। ऐसे भावों में करुणा, ईर्ष्या, श्रद्धा आयँगे। मनोविज्ञान के विद्यार्थी को शुक्लजी के विश्लेषण से बहुत कुछ लाभ हो सकता है।

चिन्तामणि के निबन्ध
(विषय-प्रधान है कि व्यक्ति-प्रधान)

निबन्ध के उपकरण : *'गद्यं' कवीनां निकर्ष वदन्ति'* गद्य यदि कवियों की कसौटी है तो निबन्ध गद्य की कसौटी है। निबन्ध में गद्य माध्यम मात्र नहीं रहता है वरन् एक विशेष रचना-शौष्ठव लेकर आता है। उसमें गद्य का निजी और निखरा रूप मिलता है और शैली ही व्यक्ति है (Style is the Man) की उक्ति पूर्णतया सार्थक होती है। इसलिए निबन्ध की परिभाषा में थोड़ा बहुत मतभेद होते हुए भी उसके उपकरणों में निम्नोल्लिखित बातें मुख्य मानी जाती हैं–

(1) अपेक्षाकृत सीमित आकार की गद्य रचना। वैसे पद्य में भी निबन्ध हो सकते हैं। जैसे Pope's essay on Man या द्विवेदी जी का 'हे कविते' शीर्षक निबन्ध किन्तु अधिकांश में वह गद्य-रचना ही होती है।

(2) एक विशेष निजीपन और स्वछन्दता के साथ वर्णन या विषय-प्रतिपादन।

(3) शैली की विशेषता।

निबन्ध में विषयगतता : इस प्रकार निबन्ध में (विशेषकर विचारात्मक निबन्धों में) विषय का प्रतिपादन अवश्य रहता है किन्तु एक विशेषता के साथ। वे किसी पुस्तक के अध्याय नहीं होते हैं जिनमें पूर्वापर का सम्बन्ध हो अतः उनमें विषय का विषय के लिए प्रतिपादन होता है, उनमें लेखक का एक दृष्टिकोण भी रहता है। रचना में जितनी विषयगतता अधिक होगी और व्यक्तिगतता कम होगी उतनी ही वह निबन्ध से दूर होगी। इसीलिए आचार्य शुक्लजी को अपनी भूमिका में यह लिखना पड़ा कि 'इस बात का निर्णय मैं विज्ञ पाठकों पर ही छोड़ता हूँ, ये निबन्ध विषय-प्रधान हैं या व्यक्ति-प्रधान।'

दो प्रकार के निबन्ध : चिन्तामणि के निबन्ध दो प्रकार के हैं–कुछ मनोवैज्ञानिक जैसे–'उत्साह', 'श्रद्धा-भक्ति', 'लज्जा-ग्लानि', 'लोभ-प्रीति', 'ईर्ष्या', 'भय' आदि और कुछ साहित्यिक और आलोचनात्मक जैसे–'कविता क्या है', 'साधरणीकरण और व्यक्तिवैचित्र्यवाद', 'रसात्मक बोध के विविधि रूप'। इन दोनों ही प्रकार के निबन्धों में शुक्लजी का निजी दृष्टिकोण स्पष्ट और व्यक्त दिखाई पड़ता है। मनोवैज्ञानिक निबन्ध भी केवल मनोविज्ञान की दृष्टि से नहीं लिखे गये। उनमें एक सूक्ष्म विश्लेषण

जिसकी संगति उनकी तुलसी, सूर और जायसी की आलोचनाओं से है और उनमें एक नैतिक पुट भी है। उनकी सारी आलोचनाओं में लोक-संग्रह को महत्त्व दिया गया है और इन निबन्धों में भी लोकहित की भावना को महत्त्व दिया गया है। क्रोध और भय को सामाजिक महत्त्व दिया गया है। उसी क्रोध की सराहना की गयी है जो अत्याचारी के अत्याचार को दूर करने के लिए हो। श्रद्धा में श्रद्धास्पद के कार्यों को महत्ता दी गयी है। प्रीति के प्रेम की एकनिष्ठता और वैयक्तिकता पर बल दिया गया है। इस प्रकार 'कविता क्या है' में भी उनके वैयक्तिक दृष्टिकोण को प्रधानता मिली है। उसमें लोकसामान्य की भावभूमि, वैयक्तिकों के स्वार्थों का निषेध और मानव प्रकृति के मूल-रूपों पर, जो सभ्यता की पेचीदगियों के भीतर भी झलकते दिखाई देते हैं, बल दिया गया है। 'साधरणीकरण और व्यक्तिवैचित्र्यवाद' में उन्होंने पश्चिम की अति वैयक्तिकता का घोर विरोध किया है। प्रत्येक निबन्ध में शुक्लजी की आत्मा बोलती हुई सुनाई पड़ती है और उनकी विषयगत प्रतिभा की झाँकी मिलती है। विचारों की कठोर संगति अपनी मान्यताओं की नवीनता, मौलिकता और दृढ़ता उनकी उन विशेषताओं में से है जो उन्हें साधारण कोटि के लेखकों से ऊँचा उठा देती है।

शैली की वैयक्तिकता : विषय की दृष्टि से तो शुक्लजी के निबन्धों में वैयक्तिकता है ही किन्तु शैली के दृष्टिकोण से यह वैयक्तिकता और भी निखार में आ गयी है। उनकी शैली की विशेषताएँ इस प्रकार से हैं–

(क) समास-शैली, तथ्यकथन जो कभी-कभी सूक्ति का रूप धारण कर लेता है, जैसे 'दुख की श्रेणी में प्रवृत्ति के विचार से करुणा का उल्टा क्रोध है', 'यदि प्रेम स्वप्न है तो श्रद्धा जागरण', 'श्रद्धालु महत्त्व को स्वीकार करता है पर भक्त महत्त्व की ओर अग्रसर होता है', 'वैर क्रोध का आचार या मुरब्बा है'।

(ख) उसकी उदाहरणों द्वारा व्याख्या और पुष्टि जो प्रायः समास-शैली में होती है।

(ग) शैली की साहित्यिकता और प्रवाहमयता। जहाँ हृदय के रमने की बात आयी है वहाँ वह कवित्वपूर्ण हो गयी है–प्राकृतिक सौन्दर्य वर्णन में, सात्त्विकता और लोकरक्षा के भावों के सम्बन्ध में।

(घ) बौद्धिकता और भावुकता का अपूर्व सम्मिश्रण। उन्होंने स्वयं भी लिखा है–'अपना रास्ता निकालती हुई बुद्धि जहाँ मार्मिक या भावाकर्षक स्थलों पर पहुँचती है, वहाँ हृदय थोड़ा बहुत रमता और अपनी प्रवृत्ति के अनुकूल कहता गया है।'

(ङ) हास्य-व्यंग्य का पुट। इसके कुछ उदाहरण नीचे दिये जाते हैं–

'संगीत के दाँव-पेंच देखकर भी हठयोग याद आता है। जिस समय कोई कलावन्त पक्का गाना गाने के लिए आठ अंगुल मुँह फैलाता है और 'आ-आ' करके विकल होता है उस समय बड़े-बड़े धैर्यों का भी धैय छूट जाता है–दिन-दिन भर चुप-चाप बैठे रहने वाले बड़े-बड़े आलसियों का भी आसन डिग जाता है।' 'रसखान तो

किसी को 'लकुटी अरु कामरिया' पर तीनों पुरों का राजसिंहासन तक त्यागने को तैयार थे पर देश प्रेम की दुहाई देने वालों में से कितने अपने थके-माँदे भाई के फटे पुराने कपड़ों और धूल भरे पैरों पर रीझ कर या कम से कम न खीजकर, बिना मन मैला किये कमरे की फर्श भी मैली होने देंगे! मोटे आदमियो तुम जरा-सा दुबले हो जाते—अपने अन्देशे से ही सही—तो न जाने कितनी ठठरियों पर मांस चढ़ जाता।'

ऐसे ही हास्य-व्यंग्य के पुट शुक्लजी के निबन्धों को वैयक्तिकता प्रदान करते हैं और उनको बेकन के निबन्धों की भाँति लोहे के चने होने से बचाए रहते हैं।

शुक्लजी के निबन्धों में विषय का प्रतिपादन अवश्य है किन्तु उनमें उनके दृष्टिकोण की प्रधानता है। इसी के साथ उनकी साहित्यिक, प्रवाहमयी और हास्य-व्यंग्यपूर्ण शैली ने उनको एक विशेष निजीपन प्रदान कर दिया है जिसके कारण वे पूर्णतया निबन्ध कहे जाने के अधिकारी कहे जाते हैं।

प्रसादजी का प्रकृति-चित्रण

"मानवी या प्राकृतिक सुषमा सभी।
दिव्य शिल्पी के कला-कौशल सभी॥"

रागात्मक सम्बन्ध : कविता, संसार के प्रति हमारी भावमयी प्रतिक्रिया की अभिव्यक्ति है। उसके द्वारा शेष सृष्टि के साथ हमारा रागात्मक सम्बन्ध, जिसमें आकर्षण और विकर्षण दोनों ही शामिल हैं, स्थापित होता है। कवि मानव तथा मानवेतर सृष्टि के जिसमें जल, थल, आकाश के सभी दृश्य तथा उनमें विचरने वाले जीव-जन्तु शामिल हैं, सम्पर्क में आता है और अपनी संवेदन-शीलता के अनुकूल उनको अपनी भावना का विषय बनाता है। वैज्ञानिक का भी सृष्टि के साथ सम्बन्ध रहता है किन्तु वह रागात्मक नहीं होता। उसके लिए सुन्दर-असुन्दर और प्रिय-अप्रिय कोई अर्थ नहीं रखते।

मानव-सृष्टि : साहित्य में दोनों प्रकार की सृष्टियों का वर्णन हुआ है किन्तु मानव-सृष्टि का अधिक। इसका कारण है रागात्मक सम्बन्ध के लिए प्रतिस्पन्दन आवश्यक तो नहीं है किन्तु उसके होने से सम्बन्ध में दृढ़ता आ जाती है। मानव-सृष्टि में भावों के प्रतिफलन की जितनी सम्भावना रहती है उतनी मानवेतर सृष्टि में नहीं, यद्यपि उसका क्षेत्र कहीं अधिक विस्तृत है। कवि स्वयं मनुष्य होने के नाते मानव-हृदय की सूक्ष्मातिसूक्ष्म भाव-लहरियों का सुविधापूर्वक अनुमान कर सकता है। मनुष्य की मुखाकृति भाव-भंगिमाँ और वे सब शारीरिक दशाएँ और चेष्टाएँ जो अनुभावों के अन्तर्गत मानी जाती हैं इस प्रकार के अनुमान की साधिका बनती हैं। इनके अतिरिक्त भाषा तो आन्तरिक, भावों की अभिव्यक्ति की सहज माध्यम है ही।

मानवेतर सृष्टि : जानवरों में, कम से कम उनमें जो विकास-क्रम में ऊँचा स्थान पाते हैं, हमारी-सी भाषा का अभाव होते हुए भी प्रायः हमारे-से ही भावों के सूचक अनुभाव होते हैं। उनके द्वारा जानवरों के मनोगत भावों का कुछ अन्दाज लग जाता है और किसी न किसी रूप में उनमें चेतना का भी अस्तित्व मिलता है। उनसे हमको अपने भावों के प्रतिस्पन्दन की आशा रहती है। वे रागात्मक सम्बन्ध की अधिक क्षमता रखते हैं किन्तु उसका साहित्य में अधिक लाभ नहीं उठाया गया है। वे अन्योक्तियों का विषय बनाये गये हैं और कहीं-कहीं उनके भावों का भी

वर्णन हुआ है—जैसे सूर ने श्रीकृष्ण जी के गौओं का और तुलसी ने रामजी के घोड़ों का विरह-वर्णन किया है।

अनुमान आरोप : मानव शरीर के उपमानों के रूप में जानवरों के सौन्दर्य का भी वर्णन हो गया है—जैसे मृगशावकाक्षी, गजगामिनी, कोकिलबयनी आदि। अब प्रश्न यह है कि जड़ प्रकृति के साथ हमारा किस अर्थ और किस अंश में रागात्मक सम्बन्ध स्थापित हो सकता है? प्रकृति के सौम्य और विकराल दोनों ही रूप देखने में आते हैं। वह हमको हँसती-रोती उद्वेलित और उल्लसित होती हुई प्रतीत होती हो किन्तु हम उतने निश्चय के साथ नहीं कह सकते हैं कि उसके हार्सोल्लास और गर्जन-तर्जन के पीछे कोई चैतन्य या भावमय आधार है या नहीं? जानवरों के सम्बन्ध में मानवी भावों का अनुमान ही किया जाता है किन्तु जड़-प्रकृति में उनका आरोप-सा करना पड़ता है। कभी-कभी यह आरोप इतना सच्चा और सजीव होता है कि भावुक हृदय का प्रकृति के साथ भावों का आदान-प्रदान होता-सा मालूम पड़ता है।

प्रभावित करने की शक्ति : प्रकृति में भावमयी चेतना चाहे हो या न हो किन्तु उसमें हमारे भावों को जाग्रत और उद्दीप्त करने की शक्ति पर्याप्त मात्रा में है। रही प्रतिस्पन्दन की बात, वह तो कभी-कभी मानव-सृष्टि में भी नहीं होता दिखाई देता। बहुत से लोग अपने स्रष्टा की भाँति ही प्रतिस्पदन-शून्य होते हैं, फिर बिचारी जड़-प्रकृति से क्या आशा की जा सकती है? हमारे भावों का प्रकृति पर कोई असर पड़ता है या नहीं इस बात को सर जगदीशचन्द्र वसु भी प्रमाणित नहीं कर सके, किन्तु हमारे मनोभावों के कारण प्राकृतिक दृश्यों के अनुभव में अवश्य अन्तर पड़ जाता है और वे भी हमारे भावों की गतिविधि में थोड़ा अन्तर डाल देते हैं। प्रकृति हमारी धातृ है। उसकी जलवायु से हमारा शरीर पुष्ट हुआ है, उससे हम भाग नहीं सकते हैं। मौन रहते हुए भी वह हमको सहचार सुख देती है। हमारे सम्पर्क में आने से जड़ पदार्थ भी हमारे मोह और आसक्ति का विषय बन जाते हैं।

विश्वात्मा का आधार : जो लोग प्रकृति में विश्वात्मा की अभिव्यक्ति मानते हैं उनके लिए प्रकृति को चेतन मानने में कुछ कठिनाई नहीं होती किन्तु उसको व्यक्तित्व प्रदान कर उसके मानवीकरण में कल्पना को जागृत करना पड़ता है, शायद उतना ही जितना कि नाटकों में नट को दुष्यन्त मान लेने में। रूपकों में जितना आरोप द्वारा हमको आनन्द मिलता है उतना हमको प्रकृति के मानवीकरण से भी प्राप्त हो सकता है। वर्णन में सजीवता चाहिए और पाठक में ग्राहक हृदय। वस्तु में भावारोप के लिए जितनी क्षमता चाहिए उतनी प्रकृति में मिल जाती है। हम यदि सच्चे मानव हैं तो मानवता के विस्तार में हमको आनन्द ही मिलेगा। अपने गोत्र को बढ़ते हुए देखकर किसे आनन्द नहीं मिलता?

कुछ अंग्रेजी आलोचकों ने प्रकृति को अपने साथ रुलाने-हँसाने को संवेदना का तर्काभास (Pathatic Fallacy) कहकर उसे वर्ज्य ठहराया है। कविकुल-गुरु

कालिदास प्रकति से मानवी कार्य लेने की अस्वाभाविकता की ओर अपने मेघदूत में पहले से ही संकेत कर दिया है– *'कामार्ताहिप्रकृतिकृपणाश्चेनतनाचेतनेषु'* (पूर्व मेघ 5) अर्थात् कामार्त लोग स्वभाव से चेतन और अचेतन का ध्यान नहीं रखते हैं। जायसी आदि ने प्रकृति की मानव के साथ सहानुभूति दिखाई है किन्तु जहाँ उत्प्रेक्षा लगायी जाती है वहाँ ऐसा वर्णन दूषित नहीं रहता।

प्रसादजी आस्तिक कवि थे। वे परमात्मा को प्रकृति में व्याप्त देखते थे। विश्वात्मा से अनुप्राणित होने के कारण प्रकृति उनके लिए विशेष अनुराग का विषय बन जाती है। आस्तिकता का आधार पाकर उनकी प्रकृति-सम्बन्धी सौन्दर्योपासना कुछ गहरी हो गयी थी किन्तु हम यह नहीं कह सकते कि प्रसादजी का प्रकृति-प्रेम कहाँ तक स्वयं उसके लिए है। परमात्मा की चेतनता से व्याप्त होने के कारण जिस प्रकार मानव-प्रेम का महत्त्व नहीं घटता, उसी प्रकार प्रकृति का भी नहीं।

सहृदयता की आवश्यकता : प्रकृति को आवलम्बन रूप से देखने के लिए शान्त हृदय चाहिए। आजकल की सभ्यता में हम प्रतिद्वन्द्विता और रोटी के राग में इतने फँसे रहते हैं कि हमको प्रकृति-सौन्दर्य के निरीक्षण का अवकाश ही नहीं मिलता। सौन्दर्यानुभूति के लिए भावुक हृदय चाहिए, उसके बिना न मानव-सौन्दर्य है और न प्राकृतिक। वास्तव में प्रकृति और पुरुष, दृश्य और द्रष्टा तथा सौन्दर्य और उसके अनुभवकर्ता में एक प्रकार का आदान प्रदान रहता है। सुन्दर वस्तु में भी हृदय की जड़ता को दूर करने की शक्ति रहती है और जैसे-जैसे हृदय की जड़ता दूर होती जाती है वैसे ही सौन्दर्यानुभूति बढ़ती है। यह दोनों अन्योन्याश्रित हैं। प्रसादजी ने इस बात को पूर्ण रूपेण हृदयंगम किया है। प्रकृति के हृदय को विकसित करने की स्वाभाविक शक्ति के सम्बन्ध में वे कहते हैं–

"नील नीरद देखकर आकाश में।
क्यों खड़ा चातक रहा किस आश में?
क्यों चकोरों को हुआ उल्लास है?
क्या कलानिधि का अपूर्व विकास है?

× × ×

देखते ही रूप मन प्रमुदित हुआ।
प्राण भी आमोद से प्रमुदित हुआ।
रस हुआ रसना में उसको बोलकर।
स्पर्श करता सुख हृदय को खोलकर।"

जब चातक श्याम घन को देखकर तथा चकोर कलानिधि राकेश को देखकर उल्लसित हो उठता है तब मनुष्य ही सौन्दर्योपासना से क्यों वंचित रहे। प्राकृतिक सौन्दर्य का वर्णन-मात्र ही रसना को रसमय बना देता है और हृदय को विकसित करता है।

ग्राहकता : यह प्रकृति की शक्ति है किन्तु उसके रस का पूरा आनन्द लेने के लिए हृदय में भावुकता चाहिए। जहाँ प्रकृति हृदय को उल्लसित कर सकती है वहाँ हृदय की ग्राहकता उसको अनुपम छटा प्रदान करती है।

"बना लो अपना हृदय प्रशान्त,
तप्रिक तब देखो वह सौन्दर्य।
चन्द्रिका-सा उज्ज्वल आलोक,
मल्लिका-सा मोहन मृदु हास॥"

वास्तव में जब तक अनुकूल ग्राहक पात्र न हों तब तक सौन्दर्य को स्थान कहाँ मिलेगा? यदि हृदय में स्वार्थ भरा है और उनके कारण वह संकुचित बन गया हो तो उसमें सौन्दर्यानुभूति नहीं हो सकती। प्रकृति में सौन्दर्य की कमी नहीं, कमी हमारी ग्राहकता की है।

"नील नभ में शोभित विस्तार।
प्रकृति है सुन्दर परम उदार।
नर हृदय परमित, पूरित स्वार्थ
बात जँचती कुछ नहीं यथार्थ।"

दैवी सौन्दर्य की छाया : प्रसादजी सकल प्राकृतिक सौन्दर्य को परमात्मा के सौन्दर्य की ही झलक मानते हैं।

"लोग प्रिय-दर्शन बताते इन्दु को।
देखकर सौन्दर्य के एक बिन्दु को।
किन्तु प्रिय दर्शन स्वयं सौन्दर्य है।
सब जगह इसकी प्रभा ही वर्य है।"

और देखिए–

"तुम्हारा स्मित हो जिसे निरखना।
वो देख सकता है चन्द्रिका को।
तुम्हारे हँसने की धुनि में नदियाँ।
निनाद करती ही जा रही हैं॥"

उपनिषदों में कहा है कि उसके प्रकाशित होने पर सब प्रकाशित होते हैं, उसके ही प्रकाश से सब आलोकमय है। *'तमेवभांन्तिमनुभाति सर्व तस्य भासा सर्वमिदं विभाति'।* प्रसादजी की प्राकृतिक सौन्दर्य की उपासना का भी यही आधार है। वे प्रकृति में परमात्मा के दर्शन करते हैं। कभी तो उसे वे लीलामय की कीड़ा के रूप में देखते हैं और कभी परमात्मा के रहस्य को दुर्भेद्य रखने के लिए अवगुंठन रूप मानते हैं।

"वृत्त आकृत कुंकुमारुण कंज-कानन मित्र है।
पूर्व में प्रकटित हुआ यह चरित जिसका चित्र है॥

कल्पना कहती है, कन्दुक है महाशिशु खेल का।
जिसका है खिलवाड़ इस संसार में सब मेल का॥

× × ×

बनके दक्षिण-पौन तुम कलियों से भी हो खेलते।
अलि बने मकरन्द की मीठी झड़ी हो झेलते॥

× × ×

देके उषा-पट प्रकृति को ही बनाते सहचरी।
भाल के कुंकुम-अरुण की दे दिया बिन्दी खरी॥"

कौतूहल और जिज्ञासा : प्रकृति रमणी के अवगुंठन की भाँति अपने भीतर रहने वाले सौन्दर्य के प्रति कौतूहल और जिज्ञासा का भाव उत्पन्न कर देती है। प्रकृति के प्रति यह जिज्ञासा भाव एक प्रकार से रहस्य-भावना को जन्म देती है। कामायनी में इस प्रकार के और भी कई स्थल हैं।

"महानील इस परम व्याम में,
अन्तरिक्ष में ज्योतिर्मान,
ग्रह, नक्षत्र और विद्युत्कण
किसको करते से सन्धान!

× × ×

सिर नीचा कर किसकी सत्ता
सब करते स्वीकार यहाँ;
सदा मौन हो प्रवचन करते
जिसका, वह अस्तित्व कहाँ?"

—पृष्ठ 34

× × ×

"सौन्दर्यमयी चंचल कृतियाँ,
बनकर रहस्य हैं नाच रहीं।
मेरी आँखों को रोक वहीं,
आगे बढ़ने से जाँच रहीं।
मैं देख रहा हूँ जो कुछ भी,
वह क्या सब छाया उलझन है?
सुन्दरता के इस परद में,
क्या अन्य धरा कोई धन है?"

—पृष्ठ 74

सौम्यरूप : प्रसादजी की दृष्टि में प्रकृति का महत्त्व केवल परमात्मा की सन्देश-वाहिका होने मात्र का नहीं है। वह स्वतन्त्र रूप से भी उनके आकर्षण का

विषय है। प्रकृति की भावना का विषय बनाने में प्रायः उनका मानवीकरण भी हो जाता है क्योंकि जहाँ चेष्टाओं का वर्णन होता है, वहीं उसमें मानवी भावों का आरोप होने लगता है। प्रसादजी ने प्रकृति को सौम्यरूप में भी देखा है और उसके विकराल रूप में भी। प्रकृति के एक मनोहर रूप का वर्णन–

"रम्य-कानन की छटा तट पर अनोखी देख लो।
शान्त है, कुछ भय नहीं है, कुछ समय तक मत टलो॥
अन्धकार घना भरा है लता और निकुंज में।
चन्द्रिका उज्ज्वल बनाती है उन्हें सुख मुंज में॥

× × ×

पवन ताड़ित नीर के तरलित तरंगों में हिले।
पंज, सौरभ-मंजु युत के कंज कैसे हैं खिले॥
या प्रशान्त विहायसी में शोभते हैं प्रात के॥
तारका-युग शुभ्र है आलोक पूरण गात के॥
नीले नीरज इन्दु के आलोक में भी खिल रहे।
बिना स्वाति-बिन्दु विद्रुम सीप में मोती रहे॥"

विशाल रूप : प्रकृति के विशालतम सौन्दर्य का यदि वर्णन देखना हो तो कामायनी के रहस्य सर्ग में हिमालय का वर्णन देखिए–

"नीचे जलधर दौड़ रहे थे
सुन्दर सुर-धनु माला पहने;
कुंजर-कलभ सदृश इठलाते
चमकाते चपला के गहने।
प्रवहमान थे निम्न देश में
शीतल शत शत निर्झर ऐसे
महा श्वेत गजराज गंड से
बिखरीं मधुधाराएँ जैसे।"

–पृष्ठ 266

विकराल रूप : एक विकराल रूप का चित्रण देखिए–

"पंचभूत का भैरव मिश्रण
शंपाओं के शकल-निपात,
उल्का लेकर अमर शक्तियाँ
खोज रहीं ज्यों खोया प्रात।
उधर गरजतीं सिन्धु लहरियाँ
कुटिल काल के जालों-सी,
चली आ रही फेन उगलतीं
फन फैलाये व्यालोंन सी

धँसती धरा, धधकती ज्वाला,
ज्वाला-मुखियों के निश्वास;
और संकुचित क्रमशः उसके
अवयव का होता था ह्रास।"

—पृष्ठ 22

अन्य रूप : एसे वर्णनों में प्रकृति की मुख्यता रहती है। उसके सामने मानव भयाकुल तुच्छ जीव-सा रहता है किन्तु जहाँ प्रकृति का मानव के सम्बन्ध में वर्णन होता है वहाँ वह गौण हो जाती है। मानव सम्बन्ध में प्रकृति का तीन प्रकार से वर्णन हो सकता है—(1) केवल उद्दीपन रूप से, (2) मानव सुख-दुःख में संवेदना प्रकट करने वाली सहचरी के रूप में, (3) मानव क्रिया-कलाप के अनुकूल पृष्ठ-भूमि के रूप में।

उद्दीपन रूप : प्रकृति के उद्दीपन रूप के वर्णनों की हिन्दी-साहित्य में कमी नहीं है। यहाँ पर कामायनी के वासना से एक उद्धरण दिया जाता है। देखिए—

"सृष्टि हँसने लगी, आँखों में खिला अनुराग;
राग रंजित चन्द्रिका थी, उड़ा सुमन पराग।
और हँसता था अतिथि मनु का पकड़ कर हाथ;
चले दोनों, स्वप्न पथ में स्नेह सम्बल साथ।
देवदारु निकुंज गह्वर सब सुधा में स्नात;
सब मनाते एक उत्सव जागरण की रात।
आ रही थी मदिर भौनी माधवी की गन्ध,
पवन के घन गिरे पड़ते थे बने-मधु अन्ध।
शिथिल अलसाई पड़ी छाया निशा की कांत,
सो रही थी शिशिर कण की सेज पर विश्रान्त।
उसी झुरमुट में हृदय की भावना थी भ्रान्त।
जहाँ छाया सृजन करती थी कुतूहल कान्त।"

—पृष्ठ 96

प्रकृति की सहानुभूति : इसमें उद्दीपन भाव तो है ही उसी के साथ मनु और श्रद्धा की मानसिक दशा की सानुकूलता भी है। 'शिथिल अलसाई पड़ी छाया-निशा' में प्रकृति का मानवीकरण भी है। ऐसे वर्णनों में प्रकृति की सहानुभूति व्यंजित अवश्य रहती है। प्रसादजी ने स्थान-स्थान पर प्रकृति को मनुष्य के साथ-साथ रोती और हँसती भी दिखाया है। किन्तु जायसी की भाँति नहीं। जायसी ने प्रकृति की सहानुभूति को पराकाष्ठा तक पहुँचा कर कुछ अस्वाभाविकता उत्पन्न कर दी है।

पृष्ठ-भूमि : प्रसादजी ने प्राकृतिक वातावरण को मनुष्य के भावानुकूल किया है। ऐसी भावानुकूल पृष्ठ-भूमि चित्र को अधिक सुन्दरता प्रदान करती है। आदि सर्ग के प्रारम्भिक पृष्ठों में ही देखिए—

"दूर-दूर तक विस्तृत था हिम,
स्तब्ध उसी के हृदय समान।
नीरवता सी शिला चरण से,
टकराता फिरता पवमान।
तरुण तपस्वी-सा वह बैठा,
साधन करता सुर-श्मशान;
नीचे प्रलय सिन्धु लहरों का,
होता था सकरुण अवसान।
उसी तपस्वी से लम्बे, थे,
देवदारु दो चार खड़े;
हुए हिम-धवल, जैसे पत्थर,
बन कर ठिठुरे रहे अड़े।"

मंगलमय रूप : आशा सर्ग आरम्भ में ही प्रकृति आशामय रूप धारण कर लेती है और भावी घटना की सूचना-सी देने लगती है। श्रद्धा के मिलने के लिए मन को विकास देने वाला वातावरण तैयार हो जाता है।

कामायनी के आशा सर्ग में प्रकृति का मंगलमय रूप देखिए–

"उषा सुनहले तीर बरसती
जय-लक्ष्मी सी उदित हुई;
उधर पराजित काल रात्रि-सी
जल में अन्तर्निहित हुई।

× × ×

नव कोमल आलोक बिखरता,
हिम-संसृति पर भर अनुराग;
सित सरोज पर क्रीड़ा करता,
जैसे मधुमय पिंग पराग।"

–पृष्ठ 31

"धीरे-धीरे हिम-आच्छादित,
हटने लगा धरातल से;
जगीं वनस्पतियाँ अलसाईं,
मुख धोती शीतल जल से।

–पृष्ठ 31

"सिन्धु सेज पर धरा बधू अब
तनिक संकुचित बैठी-सी;

प्रलय-निशा की हलचल स्मृति में
मान किये-सी ऐंठी-सी।''

—पृष्ठ 32

शुभ सचना : इस वर्णन की शब्दावी में मंगलमय प्रेम और शृंगार के भाव मकरन्द की भाँति झरते दिखाई पड़ते हैं। उषा की सुनहली किरणें समृद्धि कर वर्षा-सी करती हैं। जय-लक्ष्मी शब्द में विजयोल्लास ही नहीं वरन् उसके साथ आने वाली सुख-सम्पत्ति की भी सूचना है। आलोक भी भ्रम प्रकट करता हुआ हिम को हेम बना देता है और श्वेत सरोजों में मधुमय पीला पराग भर देता है वनस्पतियों का जगना बड़ा सुन्दर लाक्षणिक प्रयोग है। इसमें भाग्य के जागरण की व्यंजना है इसी के साथ वर्षा के पश्चात् पानी के कुछ कम होने पर पानी पर झुकती हुई वनस्पतियों की मुँह धोने की प्रातः क्रिया का बड़ा ही सुन्दर चित्र उपस्थित होता है। इसमें थोड़ा मानवीकरण भी है।

मानवीकरण : *'सिन्धु सेज पर धरा बधू'* को सुलाकर विशालता में सौन्दर्य भावना उत्पन्न की गयी है। वधू शब्द में भी एक भावी वधू के आने की और पीछे से उसके मान की सूचना मिल जाती है। इसी के साथ मानवती बनाकर उसकी शोभा को भी बढ़ा दिया है। संकुचित और ऐंठी में अमिधा और लक्षणा का बड़ा सुन्दर सहयोग है। जल से डूबी हुई जो वस्तुएँ निकलती हैं ये कुछ दबी-सी और ऐंठी होती हैं। पृथ्वी के पक्ष में अभिधार्थ है और वधू के पक्ष में लाक्षणिक अर्थ है। इसमें 'सी' उपमा वाचक लग जाने से मानवीकरण होते-होते बच गया है।

प्रसादजी में प्रकृति के शुद्ध मानवीकरण की कमी नहीं है। हमको उनके प्राकृतिक चित्रों में मानवी कार्यों का आरोप स्थान-स्थान पर मिलता है। देखिए—

''अम्बर पनघट में डूबी रही—
तारा-घट ऊषा नागरी

× × ×

लो यह कलिका भी भर लायी—
मधु मुकुल नवल रस गागरी।''

छायावादी शैली : प्रसादजी की छायावादी प्रवृत्तियाँ उनकी किरण शीर्षक कविता में बड़ी स्पष्ट रूपरेखा में दिखाई पड़ती हैं। इससे प्रकृति मानवीकरण के साथ छायावादी शैली का भी नमूना मिलता है। देखिए—

''धरा पर झुकी प्रार्थना सदृश,
मधुर मुरली-सी फिर भी मौन।
किसी अज्ञात विश्व को विकल—
वेदना दूती-सी तुम कौन?''

इसकी पहली पंक्ति में किरण की अमूर्त प्रार्थना से तुलना की गयी है। प्रार्थना

के द्वारा प्रार्थना करने वाली की व्यंजना की गयी है।

रूपक के रूप में : प्रसादजी ने रूपकों में भी सुन्दर प्राकृतिक दृश्यों का उपयोग किया है। अपने जीवन में मधुऋतु की सृष्टि करते हुए प्रसादजी ऋतुराज का पूरा दृश्य उपस्थित कर देते हैं।

''चुम्बन लेकर और जगाकर,
मानस नयन नलिन को।
जपाकुसुम-सी उषा खिलेगी,
मेरी लघु प्राची में।
हँसी भरी अरुण अधर का,
राग रँगेगा दिन को।
अन्धकार का जलधि लाँधकर,
आवेंगी शिशु किरनें।
अन्तरिक्ष छिड़केगा कन-कन,
निशि में मधुर तुहिन को।''

प्रकृति के लिए और भी बहुत से सुन्दर रूपक और उपमाएँ मिलती हैं। संक्षेप में हम कह सकते हैं कि प्रसादजी ने प्रकृति का आध्यात्मिक आधार मानते हुए उसके द्वारा अपने प्रियतम परमात्मा की-सी क्रीड़ा की अभिव्यक्ति करायी है, उसी के साथ-साथ उसका आलम्बन, उद्दीपन और अलंकार विधान में अप्रस्तुत रूप से भी वर्णन किया है।

प्रसादजी के काव्य-सम्बन्धी विचार

स्वर्गीय जयशंकर प्रसादजी कवि तो थे ही किन्तु वे गम्भीर विचारक भी थे। उनके कवि-रूप से बहुत से लोग परिचित हैं, उनके आचार्यत्व का लोगों को विश्वास मात्र है लेकिन वह यह नहीं जानते कि उनके विचार क्या थे। काव्य, कला और नाटक के सम्बन्ध में प्रसादजी के कुछ मौलिक विचार थे, जिनका कि विकास भारतीय परम्परा के अनुकूल हुआ था। ये विचार काव्य और कला तथा अन्य निबन्ध नाम की पुस्तक में संगृहीत हैं। पुस्तक के प्रारम्भ में श्री नन्ददुलारे वाजपेयी जी की भूमिका है। इसमें ग्रन्थ का सार आ गया है।

काव्य की परिभाषा : काव्य की परिभाषा बहुत प्राचीन काल से समीक्षकों और आचार्यों के लिए विवाद का अखाड़ा बना रहा है, इसी परिभाषा के आधार पर बहुत से सम्प्रदायों का जन्म हुआ है। प्रसादजी की व्याख्या यद्यपि रस सम्प्रदाय के अन्तर्गत मानी जायगी तथापि वह मामूली व्याख्या से बहुत भिन्न और विलक्षण है। देखिए–

''काव्य आत्मा की संकल्पात्मक अनुभूति है जिसका सम्बन्ध विश्लेषण, विकल्प या विज्ञान से नहीं है। वह एक श्रेयमयी प्रेय रचनात्मक ज्ञान धारा है (पृष्ठ 38)। अब सब संकल्पात्मक अनुभूति को जरा समझ लेना चाहिए। प्रसादजी इसकी व्याख्या करते हुए कहते हैं–''आत्मा की मनन शक्ति की वह असाधारण अवस्था जो श्रेय सत्य को उसके मूल चारुत्व रूप से सहसा ग्रहण कर लेती है, काव्य में संकल्पात्मक मूल अनुभूति कही जा सकती है।'' (पृष्ठ 38)

काव्य और शास्त्र : उपर्युक्त परिभाषा, काव्य और शास्त्र सम्बर्न्धी विद्या के दो विभागों पर अवलम्बित है। *'काव्यशास्त्र विनोदेन कालो गच्छति धीमताम्'* काव्य और शास्त्र दो पृथक् चीजें हैं। शास्त्र से मतलब है विज्ञान का। यह विभाग भी मन की संकल्प और विकल्प नाम की दो वृत्तियों पर आश्रित है। संकल्प में संश्लेषण (Synthesis) रहता है और विकल्प में विश्लेषण (Analysis) संकल्प का सम्बन्ध काव्य से है और विकल्प का सम्बन्ध विज्ञान या शास्त्र से है। संकल्प एकता और आनन्द का उपासक है, विकल्प नानात्व और दुःख का भेद में अभेद देखने वाले संकल्पात्मक ज्ञान को ही श्रीमद्‌भगवद्‌गीता में सात्त्विक ज्ञान कहा है *'अविभक्तं विभक्तेषु तज्ज्ञानं विद्धि सात्त्विकम्'*। विज्ञान में संकल्पात्मकता है अवश्य, किन्तु

उसमें विश्लेषण का प्राधान्य है। विज्ञान के विश्लेषण द्वारा उसमें चारुत्व की कमी हो जाती है। इस सम्बन्ध में प्रसादजी कहते हैं–"विकल्प विचार की परीक्षा करता है। तर्क-वितर्क कर लेने पर भी किसी संकल्पात्मक प्रेरणा के ही द्वारा जो सिद्धान्त बनता है, वही शास्त्रीय व्यापार है। अनुभूतियों की परीक्षा करने के कारण और उसके द्वारा विश्लेषणात्मक होते-होते उसमें चारुत्व की, प्रेय की कमी हो जाती है। (पृष्ठ 38)।" कवि कल्पना मंडित सुहाग भरी जुही की कली विश्लेषण करने पर कार्बन और हाइड्रोजन का मिश्रण रह जाती है, अथवा पुष्पों के वर्गीकरण में उसको एक बारह-चौदह अक्षरों वाला लम्बा नाम मिल जाता है। उस विश्लेषणात्मक ज्ञान में सौन्दर्य उसकी समग्रता और पूर्णता में है *'भूमा वै सुखम्'* साहित्य उसी पूर्णता की ओर ले जाता है।

काव्य में श्रेय और प्रेय का मेल हो जाता है। श्रेय सत्याश्रित है। इस तरह सत्यं श्रेयस (शिवम्) और प्रेयस (सुन्दरम्) का समन्वय हो जाता है। शिवम् और सुन्दरम् के लिए भारतीय परिभाषा में श्रेयस और प्रेयस ठीक बैठते हैं। इस परिभाषा में अनुभूति पर ज्यादा जोर दिया जाता है, अभिव्यंजना पर कम। वास्तव में जहाँ अनुभूति ठीक और निश्चित होती है वहाँ अभिव्यंजना भी ठीक उतरती है। सूर और तुलसी की वात्सल्य भावना सम्बन्धी अभिव्यंजा में अन्तर है। इसका कारण अनुभूति भेद ही है। सूर बालकृष्ण के उपासक थे और तुलसी धनुर्धारी किशोर राम के।

काव्य और कला : प्रसादजी काव्य को कला नहीं मानते हैं। भारतीय दृष्टिकोण से काव्य विद्या और कला उपविद्या है। समस्यापूर्ति कला है क्योंकि उसका शब्दशास्त्र से सम्बन्ध है, काव्य कला नहीं है। कला का जो विभाजन मूर्त अमूर्त के आधार पर किया जाता है उससे प्रसादजी सहमत नहीं हैं। भारतीय विचारधारा में मूर्त-अमूर्त का भेद नहीं है। यह भेद ईसाई संस्कृति से सम्बन्ध रखता है। हमारे यहाँ मूर्त-अमूर्त दोनों ही ब्रह्म के रूप हैं। वैसे भी संगीत को अमूर्त कहना ठीक नहीं क्योंकि उसका यदि चाक्षुस प्रत्यक्ष नहीं होता तो श्रवणेन्द्रिय सम्बन्धी प्रत्यक्ष होता है। काव्य में भी शब्दों की मूर्तता आ जाती है। बाबू श्यामसुन्दरदास जी के साहित्यालोचन में जो कलाओं की श्रेणी बाँधी गयी है। वह हेगिल की विचारधारा के अनुकूल है। भारतीय पद्धति में हेगिल की मूर्त आधार वाली कलाओं को शिल्प कहा है, वे तीन हैं–स्थापत्य (Architecture) मूर्ति-कला और चित्र-कला। यह दृष्टिकोण और परिभाषा का भेद है। भारतवर्ष में कलाओं को काम और अर्थ आश्रित माना है। *'नृत्य-गीतप्रभृतपः कला कायार्थसंश्रयाः।'* (पृष्ठ 39) यहाँ काम का व्यापक अर्थ इच्छा, जिसका सम्बन्ध भावात्मक जगत से है, लेना चाहिए। वे कलाएँ 64 हैं। इनमें नृत्य-गीत, वाद्य, तैरना, फूलमाला बनाना इत्यादि बातें आती हैं, जिनके कारण पुरुष विदग्ध (Cultured) कहा जा सकता है। मेरी समझ में भारतवर्ष में जो कलाएँ मानी गयी हैं उनके लिए

अंग्रेजी शब्द (Accomplishment) अधिक उपयुक्त है। प्रसादजी ने शिवसूत्र विमर्शिनी से जो कला की परिभाषा दी है वह हेगिल के विचारों से कुछ मिलती-जुलती है। *'कलयति स्वरूपावेशेन तत्तद्वस्तुनि परिच्छिनति इति कला कामारः'* इस पर एक टिप्पणी उद्धृत की गयी है, वह इस प्रकार है– *'कलयति स्वरूपं आवेशय, वस्तुनि वा तत्र-तत्र प्रमातरि कलनमेव कला'* अर्थात् नव-नव स्वरूप-प्रथोल्लेख-शालिनी संवित् वस्तुओं में या प्रभाता में स्व को, आत्मा को परिमित रूप में प्रकट करती है। इसी क्रम का नाम कला है' (पृष्ठ 43) संक्षेप में सीमित और शान्त वस्तुओं में अनन्त आत्मा के प्रकटीकरण को आत्मा कहते हैं।

रहस्यवाद : रहस्यवाद के सम्बन्ध में प्रसादजी यह नहीं मानते कि इसकी उत्पत्ति सेमेटिक अर्थात् मुसलमानी यहूदी प्रभाव से हुई। इस सम्बन्ध में उनका शुक्लजी से स्पष्ट मतभेद है। प्रसादजी कहते हैं कि यहूदियों ने प्रभु ईसामसीह को इसीलिए सूली पर चढ़ाया था कि वे अपने को और अपने पिता को एक मानते थे 'I and my Father are one'। अनलहक कहने वाले मंसूर भी उसी पथ के गामी हुए। 'सेमेटिक धर्म मावना के विरुद्ध चलने वाले ईसा, मंसूर, सरमद आर्य अद्वैत धर्म भावना से अधिक परिचित थे' (पृष्ठ 46)। स्वयं सूफी सम्प्रदाय हिन्दुस्तान से प्रभावित है। प्रसादजी कहते हैं–"सूफी सम्प्रदाय मुसलमानी धर्म के भीतर वह विचारधारा है जो अरब और सिन्ध का परस्पर सम्बन्ध होने के बाद से उत्पन्न हुई थी" (पृष्ठ 46)। यह इ़तिहास का विषय है। इस सम्बन्ध में मैं अधिक नहीं जानता। मुसलमान लोग इसकी उत्पत्ति अरब से ही मानते हैं। किन्तु यह बात तो मानी हुई है कि मुसलमान लोग भारतवर्ष में आठवीं शताब्दी में ही आने-जाने लगे थे। यह एक दूर की सम्भावना हो सकती है कि कबीर आदि सन्तों ने भारतीय एकात्मवाद की उसी तरह अपनाया हो जिस तरह आजकल शोपनहावर या इमर्सन को पढ़कर लोग वेदान्त को अपनाते हैं। इस तरह से कबीर के रहस्य को मुसलमानी प्रभाव से उत्पन्न कह लें किन्तु एकात्मवाद की भापना मूल में भारतीय है।

शैव आगम : प्रसादजी ने यह भी बतलाया है कि शैव आगमों से अद्वैत रहस्य को द्वैत अभिभूत हो जाने की शंका दिखलायी गयी है। इसमें रहस्य सम्प्रदाय की प्राचीनता झलकती है। जो लोग रहस्यवाद को नवीन शब्द मानते हैं उनके लिए यह विचारोत्तेजक सिद्ध होगा। *'द्वैतदर्शनाधिवासितप्राये जीवलोके रहस्यसम्प्रदायो मा विच्छेदि।'* (पृष्ठ 56) प्रसादजी इस सम्बन्ध में यह भी बतलाते हैं कि प्रेम की उपासना न सूफी सम्प्रदाय से हमको मिलती है और न ईसाई धर्म से। वैदिक काल से प्रेम का प्राचीन रूप है। *'कामस्तदग्रे समवर्तताधिमनसोरेतः प्रथमं यदासीत्'* (पृष्ठ 47)। काम प्रेम से अधिक व्यापक है। प्रसादजी का कथन है कि 'जब से हमने प्रेम को (Love) या इश्क का पर्याय मान लिया है, तभी से काम शब्द की महत्ता कम हो गयी है।' (पृष्ठ 47)

मूल तत्त्व : प्रसादजी रहस्यवाद की भारतीयता प्रमाणित करते हुए आनन्द और अद्वयता को उसकी मूल प्रवत्ति मानते हैं। अद्वैतवाद का सम्बन्ध बुद्धिवाद से है। वर्तमान रहस्यवाद को भारतीय परम्परा का उत्तराधिकारी बतलाते हुए प्रसादजी कहते हैं कि 'इसमें अपरोक्ष अनुभूति, सरसता तथा प्राकृतिक सौन्दर्य के द्वारा अहं वा इदम् से समन्वय करने का सुन्दर प्रयत्न है। हाँ, विरह भी युग की वेदना के अनुकूल मिलन का साधन बनकर इसमें सम्मिलित है।' प्रसादजी आनन्दवादी होने के कारण मिलन को अधिक महत्त्व देते हैं। विरह को बुद्धिवाद का प्रभाव बतलाते हैं। गोपियों के विरह में आनन्दवाद और बुद्धिवाद का समन्वय है। प्रसादजी के आनन्द, समरसता, अहं का इदम् से समन्वय जो कि प्राकृतिक सौन्दर्यास्वादन का आधार है रहस्यवाद के मूल तत्त्व हैं।

प्रसादजी रहस्यवाद को काव्य की मुख्य धारा मानते हैं। 'काव्य में आत्मा की संकल्पात्मक मूल अनुभूति की मुख्य धारा रहस्यवाद है।' (पृष्ठ 46)।

रस सिद्धान्त : पुस्तक में रस, नाटकों में रस का प्रयोग, नाटकों का आरम्भ, रंगमंच, प्रारम्भिक पाठ्य (श्रव्य)' काव्य, यथार्थवाद और छायावाद शीर्षक और भी कई पांडित्यपूर्ण लेख हैं। हम उन लेखों में आये हुए सिद्धान्तों का क्रमबद्ध विवेचन न करके स्फुट रूप से उनकी बातों का उल्लेख कर रहे हैं–

1. प्रसादजी ने रस सम्प्रदाय को ही संकल्पात्मक अनुभूति के अन्तर्गत रक्खा है। रीति अलंकारवादियों विकल्प और बुद्धिवाद से सम्बन्धित किया है। प्रसादजी ने नाटकों में ही रस का परिपाक अधिक माना है। महाकाव्यों में दुखवाद और बुद्धिवाद[1] का अधिक प्रभाव है। (रामायण और महाभारत दोनों में दुखवाद है।) किन्तु रामायण को उन्होंने आदर्शवादी कहा है और महाभारत को यथार्थवादी क्योंकि उसमें व्यक्ति-वैचित्र्य के लिए अधिक स्थान दिखाई देता है।

2. नाटकों की उत्पत्ति : नाटकों की उत्पत्ति प्रसादजी ने वेदों से ही मानी है। सोम विक्रय आदि के अभिनय पहले होते थे, उनमें आनन्दवादी माहेश्वरों के प्रभाव से नृत्त और नृत्य का समावेश हो गया। यूरोप के कुछ विद्वान सूत्रधार शब्द के आधार पर नाटकों की उत्पत्ति पुतलियों के नाच से मानते हैं। प्रसादजी के मत से यह ठीक नहीं है। सूत्रधार का अर्थ लाक्षणिक लेना चाहिए और यदि अभिधार्थ भी लेना है तो भी कठपुतलियों के सूत्र की कल्पना करना अनावश्यक है। सम्भव है, सूत्रधार के हाथ में पट जवनिका आदि के सूत्र रहते हों।

जवनिका (यवनिका) के आधार पर कुछ योरोपीय विद्वान भारतीय नाटकों की उत्पत्ति यूनान से मानते हैं। प्रसादजी की राय में यह ठीक नहीं है। उन्होंने

---

1. प्रसादजी ने आर्यों के विचार की दो धाराएँ मानी हैं। एक आनन्दवाद की और दूसरी तर्कवाद की, जो दुःखवाद की ओर ले जाती है। पिछली शाखा के मानने वाले जैन और बौद्ध थे।

अमरकोष[1] और हलयुध[2] से उद्धरण देकर बतलाया है कि जवनिका का शुद्ध रूप में 'ज' लिखा जाता है। यही उसका शुद्ध रूप था। 'ए' का 'ज' नहीं हुआ। जब का अर्थ वेग या तुरा से है। जवनिका का अर्थ हो जाता है जो जल्दी से उठायी या हटाई जा सके। (पृष्ठ 98)

3. नाटकों की भाषा : प्रसादजी नाटकों की भाषा को पात्रों के अनुकूल उर्दूमय या गँवारू बनाने के पक्ष में नहीं है। उन्होंने अपने नाटकों में ऐसा किया भी नहीं है।

4. रंग मंच : हिन्दी रंगमंच के सम्बन्ध में प्रसाद जी का कथन है कि उपयुक्त स्त्री अभिनेत्रियों का न मिलना इसके विकास में बाधक रहा, फिर सिनेमा ने आघात पहुँचाया है। वे रंगमंच के सुधार के पक्ष में हैं। रंगमंच के सुधार में वे पदस्खलित होने वाली जल्दी नहीं चाहते। 'प्रगतिशील विश्व है' किन्तु अधिक उछलने में पदस्खलन का भी भय है।

5. यथार्थ और आदर्श : प्रसादजी वर्तमान-युग की प्रवृत्तियों में यथार्थवाद और छायावाद की मुख्यता बतलाते हैं। यथार्थवाद के सम्बन्ध में वे कहते है–'यथार्थवाद की विशेषताओं में प्रधान है लघुता की ओर साहित्यिक दृष्टिपात।' (पृष्ठ 120) उससे स्वभावतः दुःख की प्रधानता और अनुभूति आवश्यक है। आदर्शवाद साहित्यिक न्याय (Poetic Justice) पर अवलम्बित है। उसमें भले को भला परिणाम और बुरे को बुरा दिखाया जाता है। यथार्थवाद हमको इतिहास की ओर ले जाता है और आदर्शवाद धर्म की ओर। 'साहित्य इन दोनों की कमी को पूरा करने का काम करता है। साहित्य समाज की वास्तविक स्थिति क्या है, इसको दिखाते हुए भी उसमें आदर्शवाद का सामंजस्य स्थिर करता है। दुखदग्ध जगत् और आनन्दपूर्ण स्वर्ग का एकीकरण साहित्य है।' (पृष्ठ 123)

6. छायावाद : छायावाद के सम्बन्ध में प्रसादजी लिखते हैं–'कविता के क्षेत्र में पौराणिक युग की किसी घटना अथवा देश-विदेश की सुन्दरी के बाह्य वर्णन से भिन्न जब वेदना के आधार पर स्वानुभूतिमयी अभिव्यक्ति होने लगी तब हिन्दी में उसे छायावाद के नाम से अभिहित किया गया...सूक्ष्म आभ्यन्तर भावों के व्यवहार में प्रचलित पद-योजना असफल रही। उनके लिए नवीन शैली, नया वाक्य-विन्यास आवश्यक था। हिन्दी में नवीन शब्दों की भंगिमा स्पृहणीय आभ्यन्तर वर्णन के लिए प्रयुक्त होने लगी।' (पृष्ठ 123) वक्रोक्तिवाद भी शब्द और अर्थ की स्वाभाविक वक्रता द्वारा शोभा की सृष्टि मानता है। छायावाद में भी वाग्वैचित्र्य की विदग्धता रहती है। प्रसादजी के मत में छायावाद के लिए प्राकृतिक वर्णन आवश्यक नहीं। छायावाद की इस व्याख्या से यह स्पष्ट है कि प्रसादजी ने छायावाद में शैली को अधिक महत्त्व दिया है। छाया

1. प्रतिसीरा जवनिका स्यात् तिरस्करिणी च सा–अमरकोष।
2. अपटी कांडपटः स्यात् प्रतिसीरा जवनिका तिरस्करणी–

–हलायुध से (पृष्ठ 98)

भारतीय दृष्टि से अनुभूति और अभिव्यक्ति की भंगिमा पर अधिक निर्भर करती है। ध्वन्यात्मकता, लाक्षणिकता, सौन्दर्यमय, प्रतीक विधान तथा उपचार वक्रता, स्वानुभूति की विकृति छायावाद की विशेषताएँ हैं। 'शब्द विन्यास में ऐसा पानी चढ़ा कि उसमें एक तथ्य उत्पन्न करके सूक्ष्म अभिव्यक्ति का प्रयास किया गया।' (पृष्ठ 123) इस प्रकार छायावाद में आन्तरिक के अनुकूल व्यंजनापूर्ण भाषा लाने का प्रयत्न हुआ। प्रसादजी ने बतलाया है कि प्राचीन ग्रन्थों में छाया शब्द जैसे मोती की छाया, सौन्दर्य के अर्थ में प्रयुक्त हुआ है। इस सम्बन्ध में वे निम्नोल्लिखित श्लोक उद्धृत करते हैं—

"मुक्ताफलेषु छायायास्तरलत्वमिवान्तरा
प्रतिभाति यदंगेषु तल्लावण्यमिहोच्यते।"

मोती के भीतर छाया की जैसी तरलता होती है, वैसी ही कान्ति की तरलता अंग में लावण्य कही जाती है। रस लावण्य को संस्कृत-साहित्य में छाया और विच्छिति के द्वारा कुछ लोगों ने विकसित किया था।

छायावाद की कविता में भी एक विशेष चमक रहती है जो केवल आकार से ऊँची और सूक्ष्म होती है। वह स्थूल यथार्थ से ऊपर की चीज है जो प्रतीयमान अर्थ के निकट आती है। उसी अंगसौष्ठव से लावण्य की सृष्टि छायावाद का कार्य है।

यह विलक्षण संयोग है कि जो नाम मजाक उड़ाने के लिए दिया गया था, उसकी साहित्य में सार्थकता निकल आयी। यही पंडितों का पांडित्य है।

अनुसन्धान का स्वरूप और उसके विविध क्षेत्र

वैज्ञानिक और साहित्यिक अनुसन्धान : अनुसन्धान एक व्यापक शब्द है। अनुसन्धान वैज्ञानिक विषयों का भी होता है और साहित्यिक विषयों का भी। किन्तु दोनों की पद्धति और उनके स्वरूप में विशेष अन्तर नहीं है। अन्तर यदि है तो विषय की आवश्यकताओं और प्रयोग-पद्धतियों का। दोनों में ही सूक्ष्म और सोद्देश्य निरीक्षण के साथ परीक्षण और प्रयोग के पश्चात् गम्भीर विवेचन रहता है जिसमें विपक्षीय घटनाओं, उदाहरणों और विचार-विन्दुओं का उतना ही स्वागतपूर्ण विवेचन होता है जितना कि सपक्षीय घटनाओं, उदाहरण और विचार-बिन्दुओं का। इसके अतिरिक्त वैज्ञानिक अनुसन्धान की भाँति ही साहित्यिक अनुसन्धान में नवाजित ज्ञान की पूर्वाजित ज्ञान के आलोक में व्याख्या करके संगति बैठायी जाती है। विषय चाहे जो कुछ हो उसके विवेचन में निष्पक्ष वैज्ञानिक पद्धति का प्रयोग उसको स्वरूपता प्रदान कर उसके नाम को सार्थक करता है। जिस प्रकार मनुष्य का क्रिया कलाप और चरित्र उसके स्वभाव और स्वरूप का परिचायक होता है उसी प्रकार अनुसन्धान की पद्धति ही उसके स्वरूप और क्षेत्र के निर्णय में सहायक हो सकती है। इसी दृष्टि से हम अनुसन्धान की पद्धति पर विचार करेंगे।

ज्ञात से अज्ञात : अनुसन्धान चाहे जिस प्रकार हो, हमारे ज्ञान में वृद्धि करता है। गह ज्ञान सुसम्बद्ध और हमारे पूर्वाजित ज्ञान पर आधारित होता है। जहाँ आधारित नहीं होता है वह पूर्वाजित ज्ञान को भी संशोधनीय और परिमार्जनीत प्रमाणित कर देता है। इसी लिए प्रत्येक अनुसन्धानकर्ता को अपने अनुसन्धान-कार्य की सार्थकता बतलाने के लिए यह आवश्यक हो जाता है कि उनके अनुसन्धान से ज्ञान-क्षेत्र कहाँ तक विस्तृत हुआ या उस पर क्या नया प्रकाश पड़ा?

निरीक्षण : अनुसन्धान केवल कल्पना प्रसूत बहुत कम होता है यद्यपि उसमें चाहे वह वैज्ञानिक हो और चाहे साहित्यिक, कल्पना के बिना काम नहीं चलता। यह कल्पना निराधार नहीं होती बल्कि सूक्ष्म वैज्ञानिक निरीक्षण पर अवलम्बित होती है। आकस्मिक निरीक्षण से सुझाव अवश्य मिल जाते हैं किन्तु वे निरीक्षण और परीक्षण की आँच में तपाये बिना कोई मूल्य नहीं रखते। न्यूटन के गुरुत्वाकर्षण वाले नियम का श्रीगणेश चाहे फल के पतन से हुआ था किन्तु उसकी इतिश्री सहज में नहीं हुई थी। मैं तो कहूँगा कि गुरुत्वाकर्षण की समस्या ज्ञात या अज्ञात रूप से मन में

विद्यमान थी। भाग्यवान लोगों को साहित्य या विज्ञान के क्षेत्र में आकस्मिक निरीक्षण से कुछ सुझाव अवश्य मिल जाय, *'कथा सु सुनी सूकर खेत'* से चाहे तुलसीदासजी की जन्मभूमि के सम्बन्ध में सोरों का ध्यान गया हो किन्तु उसके वैज्ञानिक अनुसन्धान का अभी श्रीगणेश ही हो रहा है। अनुसन्धान चाहे जिस विषय का हो, एक लक्ष्य और उद्देश्य के साथ होना चाहिए। वैज्ञानिक अनुसन्धानकर्ता के लिए भटकने की गुंजाइश नहीं रहती। यदि वह किसी ग्रन्थ की ऐतिहासिकता की खोज कर रहा है तो न तो उसे जाति-प्रेम और भाषा-प्रेम विचलित करेगा और न उसके काव्य सौन्दर्य की ओर मन भटकेगा। उसका काव्य सौन्दर्य की ओर मन भटकना ऐसी ही दूषित मनोवृत्ति का परिचायक होगा जैसा कि किसी डॉक्टर का किसी रमणी रोगिणी के सौन्दर्य पर मुग्ध हो जाना। अनुसन्धानकर्ता को निर्भयता से काम लेने की आवश्यकता रहती है किन्तु वह निर्भयता कर्त्तव्य शून्य न होनी चाहिए।

यन्त्र : वैज्ञानिक निरीक्षण में यन्त्रों आदि से काम लेना पड़ता है। साहित्यिक निरीक्षण में वैज्ञानिक यन्त्रों को सहायता उस मात्रा में तो अपेक्षित नहीं होती जितनी कि वैज्ञानिक अनुसन्धान में, किन्तु उसका सर्वथा अभाव भी नहीं रहता है। किसी हस्तलिखित ग्रन्थ की प्रामाणिकता या अप्रामाणिकता सिद्ध करने और काल निर्णय के लिए उस पर लिखी हुई तिथि और संवत् पर ही निर्भर नहीं रहना पड़ता वरन् उसके कागज और स्याही का भी वैज्ञानिक परीक्षण करना पड़ता है। इसके साथ उसको भाषा-विज्ञान और व्याकरण-सम्बन्धी जाँच भी करनी पड़ती है। कब कैसी भाषा और शब्दों का प्रयोग होता था? इसमें कवियों की स्वच्छन्दता को भी किसी-न-किसी मात्रा में छूट देनी पड़ती है। वैज्ञानिक निरीक्षण का अर्थ केवल इतना ही नहीं कि सूक्ष्म वीक्षण-यन्त्र का ही प्रयोग किया जाय वरन् यह कि अनुसन्धान में वही बावन तोले पाव रत्ती की यथार्थता अपेक्षित होती है जो विज्ञान में।

कल्पना : साहित्यिक अनुसन्धान में भी एक ही घटना और वस्तु के सम्बन्ध में विविध कल्पनाएँ करनी पड़ती हैं और उन कल्पनाओं का घटनाओं और तथ्यों के आलोक में मूल्य निर्धारित करना होता है।

परीक्षण : जिस प्रकार विज्ञान में असम्बद्ध एकाकी घटनाओं का कोई मूल्य नहीं, उसी प्रकार साहित्यिक अनुसन्धान में किसी एक बात पर ही किसी निर्णय को आधारित नहीं कर सकते। तुलसीदासजी अद्वैतवादी थे या विशिष्टाद्वैतवादी थे, इस बात के निर्णय के लिए न उनके सम्प्रदाय के ज्ञान से काम चलेगा और न ही एक स्फुट उद्धरण देने से। उसके लिए उनके सारे ग्रन्थों की खोज करनी होगी, फिर भी सम्भव है कि हमको एक पक्षीय उत्तर न मिल सके। यदि हम उनको समन्वयवादी कहते हैं तब भी यह बतलाना पड़ेगा कि किन-किन तत्त्वों का, किस भाषा में समन्वय किया गया है।

यद्यपि साहित्य में नाप-जोख कम होती है। तब भी उसमें यथार्थता और बावन तोले पाव रत्ती तक पहुँचने की वैज्ञानिक वृत्ति का मान होता है। सन्-संवतों के निर्णय

में जितनी यथार्थता आ सके उतनी ही स्तुत्य समझी जाती है। उसमें इतिहास, ज्योतिष, शिला-लेख तथा अन्य सभी साहित्यिक और असाहित्यिक सामग्री का आश्रय लिया जाता है। अनुसन्धान जनश्रुतियों की भी उपेक्षा नहीं करता है किन्तु उनकी उचित परीक्षा के बिना उनको किसी निर्णय की आधारशिला का रूप नहीं दिया जाता। परीक्षा के भी नियम होते हैं। उसमें सिफारिश को स्थान नहीं मिलता। बहुत-सी-जन-श्रुतियाँ पंडितों की चर्चा और जनता की स्थानीय अभिलाषाओं से अनुरंजित हो जाती हैं। उनमें यथासम्भव अतिरंजित या अनुरंजित अंश को पृथक् कर देना पड़ता है।

अपनी कल्पनाओं का परीक्षण, चाहे वे भाषा विज्ञान की हों, चाहे वे इतिहास-सम्बन्धी, वैज्ञानिक अनुसन्धान के लिए आवश्यक होता है, जैसे ग्रियर्सन ने अन्तरंग और वहिरंग भाषाओं की कल्पना की। अब उसमें यह देखना आवश्यक है कि जो व्यावर्तक गुण उन्होंने वहिरंग भाषाओं के बतलाये हैं वे अन्तरंग में मिलते हैं या नहीं? यदि मिलते हैं तो उनकी कुछ व्याख्या हो सकती है या नहीं? विपरीत उदाहरणों का भी उतना ही मान होना चाहिए जितना कि अनुकूल का। यही सच्ची परीक्षा है।

व्याख्या : यह अन्तिम श्रेणी है। अनुसन्धान में जो नये तथ्य मिलते हैं उनसे जाने हुए तथ्यों से पुरानी घटनाओं की व्याख्या में बाधा तो नहीं पड़ती है? यदि बाधा पड़ती है तो हमको अपने तथ्यों की जाँच-पड़ताल करनी पड़ेगी। अनुसन्धान को विफलताओं से विचलित नहीं होनी चाहिए और न किसी प्रकार के परिश्रम से मुँह मोड़ना चाहिए। जब तक नये ज्ञान की पुराने ज्ञान से संगति न बैठ जाय और जब तक नये की पुराने के आलोक में सार्थकता न प्रकट हो जाय तब तक अनुसन्धानकर्ता को चैन न लेना चाहिए। हमको पुराने का ही मोह नहीं है। या तो हमारा नया ज्ञान इतना युक्ति-युक्त और प्रबल होना चाहिए कि पुराने में संशोधन की आवश्यकता हो जाय या उसको पुराने से संगति प्राप्त करना चाहिए। सच्चे ज्ञान में प्रसंगति के लिए स्थान नहीं। हमारा यह उद्देश्य होना चाहिए कि हमारा ज्ञान-सूत्र अधिक से अधिक व्यापक हो और उससे अधिक से अधिक बातों की व्याख्या हो।

स्वरूप : इस प्रकार हम देखते हैं कि अनुसन्धान-कार्य में सोद्देश्य निरीक्षण के साथ संयत कल्पना, परीक्षण और व्याख्या की आवश्यकता है। उससे एक विशेष ईमानदारी और गाम्भीर्य अपेक्षित रहता है। पद्धति के इस विवेचन से अनुसन्धान के स्वरूप पर भी प्रकाश पड़ जाता है। अनुसन्धान किसी विषय का ऐसा सांगोपांग अनुशीलन या अध्ययन है जिसमें सोद्देश्य निरीक्षण के साथ संगति-स्थापन और व्याख्या के कार्य को भी मुख्यता दी जाती हैं अब हम अनुसन्धान-कार्य के कुछ रूपों को लेकर—उनके इस स्वरूप की पुष्टि करेंगे।

आलोचना और अनुसन्धान : यद्यपि आलोचना और अनुसन्धान की सीमा-रेखाएँ कहीं-कहीं मिल जाती हैं तथापि आलोचना और अनुसन्धान में थोड़ा अन्तर हैं आलोचना का क्षेत्र व्यापक होता हुआ भी सीमित रहता है। उसमें वह तत्परता और

साधना का भाव नहीं आता जो अनुसन्धान में होता है। अनुसन्धानकर्ता दूसरों की ही नहीं, अपनी भी आलोचना करता है। अनुसन्धानकर्ता दूसरों के कार्य से भी लाभ उठाता है। वह अपने ज्ञान को यथासम्भव पूर्ण बनाना चाहता है। कहीं-कहीं आलोचना भी अनुसन्धान का रूप धारण कर लेती है किन्तु तभी, जब कि उसमें नवीन ज्ञान, नवीन सामग्री और नवीन दिशाओं की खोज और तत्परता शामिल हो जाय। केवल आलोचक की दृष्टि प्रत्यक्ष पर अधिक रहती है। अनुसन्धानकर्ता का लक्ष्य प्रत्यक्ष के विवेचन से अप्रत्यक्ष की ओर जाना अधिक रहता है।

प्रचीन हस्तलिखित ग्रन्थों की खोज : यह अनुसन्धान का एक रूप है। इसमें बहुत-कुछ कार्य यान्त्रिक है और बहुत-कुछ वास्तविक अनुसन्धान का। प्राचीन हस्तलिखित पुस्तकों की तालिका बना लेना, उनकी पृष्ठ-संख्या या छन्द-संख्या बतला देना और पुष्पिका की प्रतिलिपि कर देना, ये सब कार्य परिश्रम और अध्यवसाय चाहते हैं किन्तु यान्त्रिक हैं। किसी महत्त्वपूर्ण ग्रन्थ को प्राप्त कर लेना तभी अनुसन्धान कहलाएगा जब उसके सम्बन्ध में पूरी छान–बीन हो जाय। यदि यह जानी हुई पुस्तक की ही कापी है तो उसमें अन्य प्रतियों से क्या भेद है? उन भेद की बातों से कोई नया प्रकाश पड़ता है या नहीं? इन सब बातों का विवेचन करना वास्तविक अनुसन्धान का विषय है। यदि वह कोई पुराने कवि की नयी पुस्तक है या किसी अनजाने हुए कवि की पुस्तक है तो उसका क्या साहित्यिक मूल्य है? वह किस समय की है? यदि पुराने और जाने हुए कवि की नयी पुस्तक है तो उससे कवि के जीवन-दर्शन और विचारों पर क्या नया प्रकाश पड़ता है और वह उनकी अन्य साहित्यिक कृतियों में क्या स्थान पाती है?

पाठ-निर्णय और सम्पादन : अनुसन्धान के क्षेत्र में इस कार्य को भी महत्ता दी जाती है और वास्तव में यह महत्ता देने योग्य भी है। उसके द्वारा प्राचीन साहित्य हमारे सामने सुपाठ्ष्य रूप में रखा जाता है। इस कार्य में भिन्न-भिन्न पाठान्तर संग्रह कर देना मात्र नहीं होता वरन् उपयुक्त पाठ का निश्चय कर देना भी होता है। उस निर्णय में तत्कालीन भाषा की स्थिति, व्याकरण, लेखक या कवि की वैयक्तिक रुचि तथा प्रतियों की प्रमाणिकता पर भी ध्यान रखना होगा। उसके अतिरिक्त अप्रसिद्ध प्रयोगों और शब्दों पर भी प्रकाश डालना होगा। कभी-कभी सम्पादन के अन्तर्गत भूमिका आदि लिखने का भी कार्य सम्मिलित हो जाता है जिससे कवि के जीवन, उसके युग और उसके प्रतिभा की विशेषताओं पर प्रकाश पड़े। पाठ निश्चय करने का भी कार्य हमारे यहाँ प्रायः व्यक्ति ही किया करते हैं किन्तु वास्तव में यह कार्य समितियों द्वारा किये जाने योग्य है। अभी प्राचीन ग्रन्थों के सुपाठ्य संस्करणों की बड़ी आवश्यकता है।

सारिणी-निर्माण : सारिणी बनाना भी अनुसन्धान का एक अंग माना जाता है और इस पर डिग्रियाँ भी मिलती हैं किन्तु केवल सारिणी बनाना उतना ही कम महत्त्व रखता है जितना कि जनगणना करना। गणना का कार्य तभी पूर्ण होता है जब उसमें भिन्न-भिन्न जातियों के रहन-सहन और उससे उनके स्वास्थ्य का सम्बन्ध दिखाया

जाता है। उनकी शिक्षा आदि का अनुपात दिखाया जाता है। उसी प्रकार सारिणी बनाने का कार्य तभी सार्थक होता है जब शब्दों से लेखक की रुचि पर प्रकाश डाला जाता है और भिन्न-भिन्न समान समझने वाले शब्दों की प्रसंगानुकूल सार्थकता प्रदर्शित की जाती है। यदि नहीं होता तो केवल यान्त्रिक कार्य रह जाता है। पुस्तकों के अध्यायों और शब्दों की संख्या करना, उनका नामकरण आदि ये सब यान्त्रिक कार्य हैं। बहुत-सा ऐतिहासिक अनुसन्धान पेड़ गिनना ही होता है। अनुसन्धान में सामग्री का एकत्रित करना ही नहीं वरन् उनका उचित मूल्यांकन भी आवश्यक होता है।

आलोचनात्मक अनुसन्धान : यह शुद्ध रूप से साहित्यिक होता है। यह विशेष कवियों के सम्बन्ध में हो सकता है, विशेष कालों में, सम्बन्धों में हो सकता है और विशेष प्रवृत्तियों के सम्बन्ध में जैसे छायावाद, रहस्यवाद, प्रगतिवाद आदि के और कभी-कभी साहित्यांगों जैसे रस, अलंकारादि और साहित्यिक सिद्धान्तों के सम्बन्ध में हो सकता है। एक कवि के सम्बन्ध में भी कई दृष्टिकोणों से और कई पक्षों को लेकर अनुसन्धान चल सकता है। जैसा ऊपर कहा जा चुका है। अनुसन्धान और केवल आलोचना में अन्तर है। आलोचना अनुसन्धान का एक अंग हो सकता हैं किन्तु अनुसन्धान में एक विशेष तत्परता और नवीन प्रकाश डालने की प्रवृत्ति होती है। आलोचना से भी कवि की प्रतिभा पर नया प्रकाश पड़ता है। रस या अलंकारों या अन्य साहित्यांगों के सम्बन्ध में जो अनुसन्धान होता है उसमें उनका वर्णनमात्र नहीं होता है वरन् उन पर ऐतिहासिक और आचार्यों के तुलनात्मक अध्ययन के अतिरिक्त उन पर मनोवैज्ञानिक आलोक भी डाला जाता है। सारी साहित्य-शक्ति से उनका सम्बन्ध स्थापित होता है। यही उनकी वैज्ञानिक व्याख्या होती है। प्रवृत्तियों और साहित्यिक सिद्धान्तों में भी ऐतिहासिक विवेचन के अतिरिक्त विभिन्न आचार्यों के मतों का मूल्यांकन और उनके आन्तरिक अभिप्राय और तत्त्वों की खोज होती है और कभी-कभी उनको नया रूप भी दिया जाता है। नवीनता केवल नवीनता के लिए नहीं होनी चाहिए। नवीनता की भी सीमाएँ होती हैं। प्राचीन आचार्यों के शास्त्री सिद्धान्तों के उपस्थित करने और विवेचन में सदा यह ध्यान रखना चाहिए कि अनुसन्धानकर्ता उनके साथ अन्याय तो नहीं कर रहा है। उनके सिद्धान्तों में अपने भावों की अपने अभीप्सित सिद्धान्तों की छाया तो नहीं देख रहा है। प्राचीन आचार्यों के सिद्धान्तों का यथासम्भव यथातथ्य वर्णन होना चाहिए। इसके लिए गम्भीर अध्ययन अपेक्षित है। हमको आचार्यों से मतभेद प्रकट करने का पूर्ण अधिकार है। साहित्य में उन्नति इसी प्रकार हुई है। अनुसन्धानकर्ता को अपना मत स्पष्ट और अभ्रमात्मक भाषा में प्रकट करना चाहिए। दूसरे कवियों के जीवन दर्शन के अध्ययन में भी अनुसन्धानकर्ता को पर्याप्त विषयगतता से काम लेना चाहिए।

अनुसन्धान के सम्बन्ध में यह कुछ बहुत मोटी-मोटी बातें दी गयी हैं जो अनुसन्धानकर्ता की अपेक्षित मनोवृत्ति पर प्रकाश डाल सकेंगी।

साहित्यिक फूल, पौदे और वृक्ष*

आचार्य रामचन्द्र शुक्ल के शब्दों में कविता शेष सृष्टि के साथ हमारा रागात्मक सम्बन्ध कराती है। शेष सृष्टि में मनुष्य और मनुष्येतर सृष्टि आती है। मनुष्येतर सृष्टि में वृक्ष, पौधे, बन, पर्वत, नदी, निर्झर, कछार, पर्पट भूमि, हरे-भरे शाद्वल तथा उनके आस-पास विचरने वाले पशु-पक्षी और जीव-जन्तु आते हैं। प्रकृति का क्षेत्र बड़ा विस्तृत है। प्रकृति काव्य के क्षेत्र में कई प्रकार से समाविष्ट होती है। कविता प्रकृति के साथ रागात्मक सम्बन्ध द्वारा मानव और प्रकृति में साम्य स्थापित कर एकात्मवाद की पुष्टि करती है। इस लेख में हम प्रकृति के फूल, पौधे और वृक्ष वाले अंश को ही लेंगे।

भारत में प्रायः सभी ऋतुएँ होती हैं और सभी प्रकार का जलवायु यहाँ पाया जाता है। यहाँ की संस्कृति का विकास प्रकृति की गोद में ही हुआ है। अनन्त नीलिमामय आकाश, शुभ्र ज्योत्स्ना, हीरकामा वाले जगमगाते तारे, मलय समीर से 'पुलकित यामिनी', वर्षा में बिजली की चमक और बादलों की गरज, सहस्रों पक्षियों को आश्रय देने वाला विशालकाय वट-वृक्ष, भगवान बुद्ध को अपनी छाया के नीचे बुद्धत्व प्राप्त कराने वाला अश्वत्थ-वृक्ष, कृष्ण की वंशी में मादक तान भरने वाला कदम्ब *'कदम्बक तरुतरि घिर घिर मुरली वजाय'* आदि वृक्षों ने तपोवनों की शोभा बढ़ायी है। शकुन्तला के पति-गृह जाते समय महर्षि कण्व ने शकुन्तला को आश्रम के वृक्षों और पौधों से विदा दिलवायी है–

''पातुं न प्रथम व्यवस्यति जलं युष्मास्वसिक्तेषु या,
नाऽऽदत्ते प्रियमण्डनाऽपि भवतां स्नेहेन या पल्लवम्।
आदौ वः कुसुमप्रवृत्तिसमये यस्या भवत्युत्सवः,
सेयं याति शकुन्तला पतिगृहं सर्वैरनुज्ञायताम्।''

–अभिज्ञान-शाकुन्तलम् (4।11)

राजा लक्ष्मणसिंह द्वारा इसका हिन्दी पद्यानुवाद भी नीचे दिया जाता है–

* अखिल भारतीय हिन्दी परिषद, प्रयाग के आगरा अधिवेशन के अवसर पर प्रो. गुलाबराय द्वारा आयोजित साहित्यक वृक्षों और पौदों की प्रदर्शिनी में रखे हुए परिचय-पत्रों के आधार पर। इनमें दिये गये फूलों के वैज्ञानिक नामों के लिए लेखक प्रो. न.म. मुकर्जी का आभारी है।

"पाछे पीवति नीर जो, पहले तुमको प्याय।
फूल पात तोरति नहीं, गहने हू के चाय॥
जब तुम फूलन के दिवस, आवत हैं सुख दान।
फूली अंग समात नहिं, उत्सव करति महान॥
सो यह जाति शकुन्तला, आज पिया के गेह।
आज्ञा देहु पयान की, तुम सब सहित सनेह॥"

वृक्षों और पौदों का साहित्य में कई प्रकार से वर्णन आता है—कवि-समयों के रूप में, उपमानों के रूप में, उद्दीपन और आलम्बन-विभावों के रूप में। इन विभिन्न प्रकारों द्वारा कवि और भारतीय गायक अपने हृदय को चिरकाल से स्पंन्दित करते आये हैं।

कवि-समय में 'समय' शब्द समझौते या ठहराव के अर्थ में आता है। इस अर्थ में 'समय' शब्द का उल्लेख महर्षि वाल्मीकि ने किया है। मर्यादा पुरुषोत्तम राम ने सुग्रीव से कहा है—*'समये तिष्ठ सुगीव'*—अर्थात् तुम अपने वादे पर दृढ़ रहो। कवि लोग भी वर्णन की सुविधा के लिए कुछ बातों पर समझौता कर लेते हैं और इस प्रकार उनके द्वारा हृदय के भावों की अभिव्यक्ति में बल आ जाता है क्योंकि वे बातें एक चिर-स्थापित परम्परा से सम्बद्ध होती हैं। कवि-समय के लिए यह बात आवश्यक नहीं है कि वह प्राकृतिक रूप से बिल्कुल यथार्थ ही हो। कवियों का उन विषयों के सम्बन्ध में एक अटूट समझौता होने के कारण यह अयथार्थता और यथार्थता के विवेचन से परे होती है। इनमें सभी बातें अयथार्थ नहीं होतीं। इनको अंग्रेजी में Poetic Conventions (काव्योक्तियाँ) कहते हैं, जैसे—चम्पा के फूल पर भौंरा नहीं आता है, वर्षा होने पर अकौआ और जवासे के पत्ते झड़ जाते हैं— '*अर्क*-जवास पात बिन भयऊ'।

वृक्ष और पौदों के सम्बन्ध में भारत की यह विशेषता है कि यहाँ फूलदार वृक्ष, जैसे—अशोक, सिरिस, अमलतास, सेमर, कचनार, मौलिश्री, कदम्ब आदि और देशों की अपेक्षा कुछ अधिक होते हैं। यह शायद यहाँ सूर्यदेव की कृपा है। श्री रन्धावा की पुस्तक 'Beautifying India' तथा Charles McCann की पुस्तक 'Trees of India' में इन वृक्षों के बड़े सुन्दर रंगीन चित्र दिये हैं। भारत में पौदों में कच्चे पौदों की अपेक्षा पक्के पौदे, जैसे—जुही, चमेली, मौंगरा, बेला आदि अधिक होते हैं। हमारे यहाँ और देशों से अपेक्षाकृत कच्चे पौदे कम होते हैं जिनमें गैंदा, गुलाबाँस आदि गिनाये जा सकते हैं। आजकल जो अधिकांश कच्चे पौदे दिखाई पड़ते हैं वे विदेशी हैं किन्तु अब 'गोभी' करमकल्ला की भाँति वे भी देशी हो गये हैं। उनमें से कुछ का भारतीय नामकरण भी हो गया है और शेष का हो जाना आवश्यक है। 'गोभी' का मूल रूप 'कोभी' है किन्तु अब उसे 'गोभी' ही कहा जाता है। अब कुछ वृक्षों और पौदों का यहाँ वर्णन दिया जाता है।

अगस्त्य (SESBANIA GRANDIFLORA)—इसका नाम अगस्त्य ऋृषि पर है। यह प्रसिद्ध है कि उन्होंने समुद्र सोख लिया था। इसी नाम का एक तारा भी है जिसके उदय होने पर शरद् ऋतु का समारम्भ होता है– *'उदय अगस्त पन्थ जल सोका।'* यह वृक्ष भी शरद् ऋतु में फूलता है। कार्तिक में इसकी पूजा होती है। उसकी कलियाँ खायी भी जाती है। ये कलियाँ कढ़ी में भी पड़ती हैं–

'फूल करील कली पाकर नभ।
फरी अगस्त करी अमृत सम॥'

–सूरसागर (दशम स्कन्ध, पृष्ठ 689)

अतीसी (तीसी अलसी) (LINUM USITATISSIMUM)–इसके फूल कई रंग के होते हैं। भारत में यह प्रायः नीले रंग की होती है। श्री कृष्ण के शरीर के रंग की इससे उपमा दी जाती है–

''अतिसी-कुसुम-कलेवर बूँदैं प्रतिबिम्बित निरधार।
जोतिस्चक्र गगन सौं डोलत, सखि सब करतिं विचार॥'

–सूरसागर (दशम स्कन्ध, पृष्ठ 658)

कविवर पन्त ने भी इसके नीलेपन का उल्लेख किया है–

''लो, हरित धरा से झाँक रही,
नीलम की कलि, तीसी नीली।''

–ग्राम्या (ग्राम श्री)

पं. अयोध्यासिंह उपाध्याय ने जमुना की श्यामता के लिए तीसी को ही उपमान बनाया है–

''नवीन तीसी कुसुमोपमेय थी।
कलिंदजा की कमनीय श्यामता॥''

अरहर (CAJANUS INDICUS)–यह खेती की चीज है। यह वर्षा में बोई जाती है और जाड़ों में काटी जाती है। यह सन, बन (कपास) और ऊख के उखड़ जाने पर भी बनी रहती है। कविवर बिहारीलाल ने इस बात का उल्लेख कर अपने सूक्ष्म प्रकृति-निरीक्षण का परिचय दिया है–

''सनु सूक्यौ, बीत्यौ बनौ, ऊखौ लई उखारि।
हरी हरी अरहर अजौ, धरि धरहरि जिय नारि॥''

–बिहारी रत्नाकर (दोहा 135)

पन्तजी ने इसकी और सन की झनझनाती फलियों को किंकिण कहा है–

''अरहर सनई की सोने की,
किंकिणियाँ हैं शोभाशाली।''

–ग्राम्या (ग्राम-श्री)

अशोक (SARACA INDICA)–इसके सम्बन्ध में यह प्रशस्ति है कि सुन्दर

स्त्रियाँ जब इस पर पदाघात करती हैं तब यह पुष्पित हो जाता है। इस कवि-समय का लाभ उठाते हुए कविवर मैथिलीशरण जी ने उर्मिला के विरह-निवेदन में अशोक के सम्बन्ध में उनके पारस्परिक हास-परिहास का उल्लेख कराया है—

''आयी हूँ सशोक मैं अशोक, आज तेरे तले,
आती है तुझे क्या हाय! सुध उस बात की।
प्रिय ने कहा था—'प्रिये, पहले ही फूला यह,
भीति जो थी इसको तुम्हारे पदाघात की!'
देवी उन कान्ता सती शान्ता को सुलक्ष कर,
वक्ष भर मैंने भी हँसी यों अकस्मात की—
'भूलते हो नाथ, फूल फूलते ये कैसे, यदि
ननद न देतीं प्रीति पद-जलजात की!''

—साकेत (नवम सर्ग)

अशोक वृक्ष कवि-समय के अतिरिक्त सती सीता के कारण भी अमर हो गया है। सीता जी रावण के यहाँ अशोक वृक्ष के नीचे ही रही थीं। उससे उन्होंने अपने शोक दूर करने की प्रार्थना भी की थी जो अन्त में स्वीकार भी हो गयी थी। रामचरितमानस में इसका वर्णन इस प्रकार है—

''सुनहि बिनय मम बिटप असोका।
सत्य नाम करु हरु मम सोका
नूतन किसलय अनल समाना।
देहि अगिनि तन करहि निदाना''

—रामचरित मानस (सुन्दरकाण्ड)

इसके लाल फूलों का महाकवि कालिदास ने भी अपने ऋतु-संहार में वर्णन किया है—

''आ मूलतो विद्रुमरागताभ्रं
सपल्लवाः पुष्पचयं दधानं।
कुर्वन्त्यशोका हृदयं सशोकं
निरीक्ष्यमाणा नवयौवनानाम॥''

—ऋतुसंहार (6।16)

सीताजी ने तो अशोक से उनके शोक को हरकर अपने को सार्थक करने की प्रार्थना की थी किन्तु कालिदास ने बसन्त ऋतु में नवयौवनवती रमणियों को अशोक के मूँगे जैसे लाल फूलों के दर्शन से सशोक बना दिया है। विरह में सुखद वस्तुएँ भी दुःखद बन जाती हैं। जिस वृक्ष को आजकल प्रायः अशोक कहा जाता है वह वास्तविक अशोक नहीं है। उसकी पत्तियाँ कटी नहीं होती हैं। आजकल नकली अशोक को अशोक कहते हैं।

अर्क (अकौआ) (CALATROPIS PROCERA)–अर्क के फूल महादेवी को बहुत प्रिय हैं। अर्क अकौआ को भी कहते हैं और सूर्य को भी। केशव ने इस श्लेष का लाभ उठाकर लिखा है–

"बेर भयानक सी अति लगै।
अर्क समूह जहाँ जग मगै॥"

–रामचन्द्रिका (पंचवटी-वन-वर्णन)

अर्क और जवासे के सम्बन्ध में कवि-प्रसिद्धि है कि चौमासों में इनके पत्ते झड़ जाते हैं–'अर्क जवास पात बिन भयऊ'।

अर्जुन (TERMENELLA ARJUNA)–इस वृक्ष का महाभारत में भी उल्लेख आया है–'सर्जार्जुन कर्णिकारैः'। कुबेर के पुत्रों को शापवश अर्जुन के पेड़ का रूप धारण करना पड़ा था। श्रीकृष्ण जी ने ऊखल-बन्धन के समय में उनका उद्धार किया था–

"हरि चितए जमलार्जुन के तन।
अबहीं आजु इन्हैं उद्धारौं, ये हैं मेरे निज जन।
× × ×
परस करौं तन, तरुहिं गिराऊँ, मुनिवर-साप मिटाऊँ।
ये सुकुमार, बहुत दुख पायौ, सूत कुबेर के तारौं।"

–सूरसागर (पृष्ठ 387)

केशव ने इसके नाम पर श्लेष करते हुए पंचवटी को पांडवों की प्रतिका बना दिया था–

"पांडव की प्रतिमा सम लेखो।
अर्जुन भीम महामति देखो॥"

–रामचन्द्रिका (पंचवटी-वन-वर्णन)

आँवाला (PHYLLNTHUS EMBLICA)–यह बड़ा पवित्र और शुभ माना जाता है। जो वस्तु प्रत्यक्ष और स्वच्छ होती है *'हस्तामलकवत्'* कहलाती है। इसकी 'इच्छा नवमी' को पूजा होती है और इसके नीचे बैठकर भोजन किया जाता है। मन्दिरों के शिखरों पर घट के साथ इसका भी चिह्न रहता है। पं. अयोध्याचिह्न उपाध्याय ने इसकी पत्तियों की चंचलता का वर्णन किया है–

"दिखा फलों की बहुधा अपक्वता।
स्वपत्तियों की स्थिरता-विहीनता।
बता रहा था चलचित्त वृत्ति के–
उतावलों की करतूत आँवला॥"

–प्रियप्रवास (नवम सर्ग)

इंगुदी (BALANITES ROXBERGHI)–इसको हिन्दी में हिंगोट कहते

हैं। हिंगोट के फलों के कूटे जाने का उल्लेख महाकवि कालिदास ने महर्षि कण्व के आश्रम-वर्णन में किया है। इसके फलों से तेल निकलता था। शकुन्तला के उद्धरण का पद्यानुवाद नीचे दिया जाता है–

"रुखन तर मनि अन्न पर्‌यौ है।
शुक कोटर तें यह जुगिर्‌यौ है॥
कहूँ धरी चिक्कन सिल दीसें।
इंगुदि फल जिनपै मुनि पीसैं॥"

इसका संस्कृत मूल इस प्रकार है–

'नीवराःशुककोटरार्भकमुखभ्रस्टास्तरुणामघः,
प्रस्निग्धाः क्वचिदिंगुदीफलमिदः सूच्यन्त एवोपला।"

–अभिज्ञानशाकुन्तलम् (1।14)

कचनार (BAUHINIA VARIGATA)–इसके फूल सफेद और नीले रंग के तथा इसके पत्ते गाय या बकरी के खुर की भाँति के होते हैं। इसकी कली का शाक बनता है। सूरदास जी ने श्रीकृष्णजी की भोज्य सामग्री में गिनाया है–

"ककरी कचरी अरु कचनार्‌यौ।
सरस निमोननि स्वाद सँवार्‌यौ॥"

–सूरसागर (दशम स्कन्ध, पृष्ठ 689)

कदम्ब (ANTHCEPHALUS (NAUCLEA) CADAMBA)– कदम्ब के वृक्ष का श्रीकृष्णजी से विशेष सम्बन्ध है। विद्यापति ने श्रीकृष्ण के कदम्ब के नीचे मुरली बजाने का उल्लेख किया है–

"नन्दक नन्दन कदम्बक तरु-तर,
धिरे धिरे मुरलि बजाव।"

–विद्यापति की पदावली (वन्दना)

इसका पुष्प गेंद-सा गोल होता है और उसके तन्तु की रोमांच से उपमा दी जाती है। मेघदूत में कदम्ब के वृक्ष के मेघ के सम्पर्क में आने से अपने प्रौढ़ पुष्पों द्वारा रोमांचित देखे जाने की कल्पना की गयी है–

'त्वत्सम्पर्कात् पुलकितमिव प्रौढ़पुष्पैः कदम्बैः।'

–मेघदूत (पूर्वमेघ, 26)

बिहारी ने भी नायिका को प्रसाद की माला पाकर कदम्ब की माला की-सी पुलकित शरीर वाली बताया है–

"मैं यह तोहीं में लखी भगति अपूरब, बाल।
लहि प्रसाद-माला जु भौ तनु कदम्ब की माल॥"

–बिहारी-रत्नाकर (दोहा 470)

चीरहरन लीला और कालीदह लीला भी कदम्ब के वृक्ष से सम्बन्धित हैं–

"आपु कदम चढ़ि देखत श्याम।
सबन अभूषन सब हरि लीन्हे, बिना बसन जल-भीतर बाम॥"

—सूरसागर (दशम सकन्ध, 529)

'हमारे अम्बर देहु मुरारी,
लै सब चीर कदम चढ़ि बैठे, हम जल-माँझ उधारी।।'

—सूरसागर (दशम सकन्ध, 530)

"खेलत-खेलत जाइ कदम चढ़ि, झपि जमुना जल लीन्हौ।"

—सूरसागर (दशम स्कन्ध, पृष्ठ 456)

कदली (MUSA SAPIENTUM)—कदली (केला) का भारतीय जीवन में विशेष महत्त्व है। इसमें विशेष पवित्रता मानी जाती है। मंगलमय अवसरों पर इसके द्वार स्थापित किये जाते हैं। इसके पत्ते भोजन परोसने तथा कच्चे फ़ल शाक के काम में आते हैं। इसका पक्का फल अत्यन्त स्वादिष्ट तथा स्वास्थ्यवर्द्धक है। यह श्री सत्यनारायणजी के प्रसाद में भी चढ़ाया जाता है। कवि लोग सौन्दर्यशालिनी कामिनियों तथा दिव्य पुरुषों की जंघाओं की स्निग्धता, चिक्कणता तथा श्वेतता की इसके तने से उपमा देते हैं—

"जुगल जंघनि खम्भ-रम्भा, नाहिं समसरि ताहि'

—सूरसागर (दशम स्कन्ध, पृष्ठ 340)

इसके उलटे पत्ते को विरहिणी की पीठ का उपमान बनाते हैं—

"कदली दल-सी पीठ मनोहर, सो जनु उलटि गयी।
सम्पति सब हरि हरी, सूर प्रभु विपदा दई दई।"

—सूरसागर (दशम स्कन्ध, पृष्ठ 341)

कविवर बिहारी ने भी इनके सौन्दर्य का इस प्रकार वर्णन किया है—

'जंघ जुगल लोइन निरे करे मनौ विधि मैन।
केलि-तरुनु दुखदैन ए, केलि तरुन-सुखदैन॥"

—बिहारी-रत्नाकर (दोहा 210)

कमल (UELUMBIUM SPECIOSUM)—जिस प्रकार गुलाब आंग्ल देश का जातीय फूल है, उसी प्रकार कमल भारतीय संस्कृति और सौन्दर्य का प्राण-प्रतीक है। भगवान विष्णु शंख, चक्र, गदा के साथ उसे धारण करते हैं और 'पद्मधर' कहलाते हैं। उनकी नाभि से कमल की उत्पत्ति हुई है, इस कथा के आधार पर उन्हें 'पद्मनाभ' भी कहते हैं। ब्रह्मा की उत्पत्ति भगवान विष्णु के नाभि कमल से हुई मानी गयी है, इस कारण उन्हें 'कमलयोनि', 'पद्मभ', 'कमलज' तथा 'कमलभव' कहते हैं। भगवान राम का विष्णु से तादात्म्य करते हुए रामजी के एक स्तोत्र में भी कहा गया है—*'यन्नभिपंकजभवः कमलासनश्न'*। लक्ष्मी जी भी कमल (रक्त-कमल) के आसन पर विराजमान मानी जाती हैं। इसी कारण उन्हें 'कमला' भी कहा जाता है।

कमल को शतदल, सहसदल अथवा सहसपत्र भी कहते हैं। इसकी कई जातियाँ और कई नाम भी हैं। सूर ने श्री कृष्ण के नेत्रों का वर्णन करते हुए कमलों के कई नाम गिनाये हैं–

"देखी, री! हरि के चंचल नैन।

× × ×

राजिवदल, इन्दीवर, सतदल कमल, कुसेसय जाति।"

–भ्रमरगीत-सार की भूमिका (पृष्ठ 19)

इन्दीवर नीलकमल (असितोत्पल, नीलोत्पल) को कहते हैं। इसका अन्य नाम पुष्कर भी है। यह अत्यन्त सुन्दर होता है। इसको भगवान राम और कृष्ण के श्याम वर्ण का उपमान बनाया गया है। तुलसीदासजी श्रीरामचन्द्रजी के स्तवन में कहते हैं– *'नीलाम्बुजश्यामलकोमलांगम'*। श्रीकृष्णजी के स्तवन में उनके मुख को इन्दीवर की कान्तिवाला कहा गया है– *'फुल्लेन्दीवरकान्तमिन्दुवदनं वर्हावतंसप्रियम्'*। सूरदासजी ने भी कृष्ण भगवान के श्याम तन की नील कमल से उपमा दी है– *'नीलजलज अभिराम श्याम तन', 'सुन्दर स्याम-सरोज-नील-तन।'* नीलकमल का रंग वास्तव में दिव्य होता है। यह अश्विनी कुमारों का प्रिय पुष्प कहा गया है। इसके लिए अंग्रेजी में भी एक नाम है–NYPHEA STELLATA.

पुंडरीक श्वेतकमल (शरत्पद्म, सिताम्बुज) को कहते हैं। कहा जाता है कि इसकी उत्पत्ति नक्षत्र-गण के ज्योति-कणों से हुई है। इसका प्रयोग हृदय की उपमा के लिए किया जाता है।

तुलसीदासजी ने रामचन्द्र जी के प्रायः सभी अंगों की कमल से उपमा दी है–

"नवकंज-लोचन, कंज-मुख, कर-कंज, पद कंजारुणं"

–विनयपत्रिका (श्रीराम-वन्दना-स्तुति)

ग्वाल कवि ने तो ग्रीष्म के वर्णन में कंजों की लड़ी-सी लगा दी है–

"कंजमुखी कंजनैनी कंज के बिछौननि पै
कंजन की पंखी करकंज तें करयौ करै"

कमल की नाल को हंस बड़े चाव से खाते हैं। उसको 'विस' भी कहते हैं। 'मेघदूत' में राजहंसों को कमल की डंडियों को पाथेय रूप से लिए कैलाश पर्वत तक जाते हुए मेघ के सहायक रूप से दिखाया गया है–

"आकैलासाद्बिसकिसलयच्छेदपाथेयवन्तः
संपत्स्यन्ते नभसि भवतो राजहंसाः सहायाः॥"

–मेघदूत (पूर्वमेघः 11)

कुमार सम्भव में सूर्य के ताप से सूखे हुए गंगाजी के कमलों के बीच की माला का उल्लेख है। पार्वती जी ने यह माला शिवजी को अर्पण की थी–

"अथोपनिन्ये गिरिशाय गौरी तपस्विने ताम्ररुचा करेण।
विशोषितां भानुमतो मयूखैर्मन्दाकिनीपुष्करबीजमालाम्॥'

—कुमारसम्भव (3।65)

इसके पत्तों पर जल नहीं ठहरता और जल में रहकर जल से अलिप्त रहते हैं। वेदान्तियों के लिए यही उपदेश दिया जाता है कि वे— *'पद्मपत्रमिवाम्भसि'*—इस संसार में रहें। सूर ने भी इस उपमा का लाभ उठाया है—

"पुरइन-पात रहत जल-भीतर ता रस देह न दागी।"

—भ्रमरगीत-सार (पद 101)

कमल सूर्योदय पर खिलता है और सूर्यास्त होते ही बन्द हो जाता है। सूर्य के साथ इसके स्नेह की बात का उल्लेख गोस्वामी तुलसीदास जी ने रामजी से भी किया है—

"उदित उदय गिरि मंच पर, रघुवर बाल पतंग।
बिकसे सन्त सरोज सब, हरषे लोचन भृंग॥"

—रामचरितमानस (बालकांड)

इसका जल में वास रहता है, सूर्य से इसका स्नेह है। सूर्य और जल भारत की खेती के लिए विशेष महत्त्व रखते हैं, इसीलिए भारत में इसको विशेष आदर मिला है। इसमें सुन्दरता के साथ गन्ध भी है। गन्धहीन कोरी सुन्दरता किसी काम की नहीं होती।

श्री जयशंकर प्रसाद ने प्रियतम के कानों को कमल के पत्ते की भाँति बताकर उनमें जल-बिन्दु की पंक्ति न ठहरने की व्याख्या की है—

"मुख-कमल समीप सजे थे
दो किसलय से पुरइन के
जल विन्दु सदृश ठहरे कब
जन कानों में दुख किनके?"

इस उपमान में आकार के सादृश्य के साथ जल-बिन्दु न ठहरने का साधर्म्य भी है। प्रियतम की निष्ठुरता पर सुन्दर व्यंग्य है।

भ्रमर को कमल का प्रेमी माना गया है। रात्रि होने पर कमल-कोश के बन्द हो जाने पर भौंरा भी उसमें बन्द हो जाता है। दारुभेदनिपुण भौंरा कमल-कोश को छेदकर बाहर नहीं निकलता— *'काठ फोरि घर कियो मधुप पै बँधे अम्बुज के पात'* (भ्रमरगीत-सार, पद 138)—वह धैर्यपूर्वक प्रातःकाल की प्रतीक्षा करता है कि कब कमल खिले और कब वह बाहर निकले। एक भाग्यहीन भौंरे का वर्णन आता है कि जब वह यह आशा कर रहा था कि रात्रि चली जायगी, सूर्योदय होगा और तब पंकज-श्री खिलेगी, उसी समय वह भी कमल-कोश से बाहर निकलेगा। इतने में ही हाथी कमल को उखाड़ कर खा जाता है। जीवन में ऐसे बहुत से अवसर आते हैं जब आशाएँ बहुत ऊँची होती हैं और विफलता हाथ लगती है। तब यही कहना पड़ता है—

"रात्रिर्गमिष्यति भविष्यति सुप्रभातं
भास्वानुदेष्यति हसिष्यति पंकजश्रीः
इत्थं विचिन्तयति कोशगते द्विरेफे
हा! हन्त! हन्त! नलिनीं गजउज्जहार"

एक कवि ने किसी नवयौवना के सुन्दर मुख और नेत्रों से प्रभावित होकर कमल से कमल उत्पन्न होने की चमत्कारपूर्ण बात कही है—

"कमले कमलोत्पत्तिः
श्रूयते न च हष्यते।
बाले तब मुखाम्भोजे,
दृष्टमिन्दीवरद्वयम्॥"

अर्थात् कमल से कमल की उत्पति की बात सुनी जाती है, देखी नहीं जाती। पर सुन्दरी! तुम्हारे मुख-रूपी कमल में ये नेत्र-रूपी कमल (नीलोत्पल) सुशोभित हैं।

करील (CAPPARIS APHYLA)—यह ब्रज की विशेष देन है। इस वृक्ष में पत्ते नहीं होते हैं वरन् फूल और फल ही आते हैं। इसके फल को जो छोटे बेर के आकार का होता है, टेंटी कहते हैं। महाराज भर्त्तृहरि ने कहा है— *'पत्रं नैव करीलपिटपे दोषोबसन्तस्य किम्।'*

कविवर दीनदयाल गिरि ने करील के इस त्याग की सराहना करते हुए लिखा है—

"धार्यो करीर तुम बहु ऋतु राज पाय।
यहै त्याग दृढ़ देखिकै प्रिय कीनौ यदुराय॥"

इसकी कुंजी पर रसखान ने कोटि *'कलधौत के धाम'* वारे हैं—

"कोटिन हूँ कलधौत के धाम, करील के कुंजन ऊपर वारौं"

सूरदास जी ने भी कृष्ण का सन्देशा लाने वाले ऊधों जी से गोपियों द्वारा कहलाया है कि जिस मधुकर ने कमल का रस चाखा है। वह करील के फल क्यों खायगा—

'जिन मधुकर अंबुज रस चाख्यो क्यों करील फल खावैं।'

कर्णिकार (NERIUM ODORUM)—इस को कुछ लोग कनेर भी कहते हैं और कनक-चम्पा भी। कनेर नाम अधिक उपयुक्त प्रतीत होता है। इसमें कवि लोग गन्ध नहीं मानते। महाकवि कालिदास ने कुमारसम्भव में लिखा है कि कर्णिकार के फूल देखने में तो सुन्दर लगते हैं किन्तु गन्ध न होने के कारण मन को नहीं भाते। ब्रह्मा की कुछ ऐसी बान पड़ गयी है कि वे किसी वस्तु को पूरे गुण नहीं देते—

"वर्णप्रकर्षे सति कर्णिकारं दुनोति निर्गन्धतया स्म चेतः।
प्रायेण सामग्र्यविधौ गुणानां पराङ्मुखी विश्वसृजः प्रवृत्ति॥"

—कुमारसम्भव (3।28)

शायद इसी बात का सहारा लेकर कविवर मैथिलीशरण गुप्त ने मिथिलेश-नन्दिनी उर्मिला से कहलाया है—

"सहज मातृगुण गन्ध था कर्णिकार का भाग,
विगुण रूप-दृष्टान्त के अर्थ न हो यह त्याग।"

—साकेत (नवम् सर्ग)

कांस (SACCHARUH MUNJA)—काँस शरद ऋतु का सूचक है। कवि-कुल-गुरु कालिदास ने शरद् को काँस के कपड़े पहनाये हैं—

"फूले काँस सकल महि छाई। जनु वरषाकृत प्रकट बुढ़ाई"

केशवदासजी ने भी शरद्ऋतु को वृद्धदासी का रूप दिया है जो सीताजी की खोज के लिए राम और लक्ष्मण को उठाने के लिए आयी है। बड़ी ही सुन्दर उत्पेक्षा है। यह उत्प्रेक्षा अधिकांश में काँस के फूलों, चाँदनी रात और कुन्दादि पुष्पों के ही कारण दी जा सकी है। सेनापति ने भी शरद् के सम्बन्ध में काँसों का वर्णन किया है—

"सेनापति आये तैं सरद रितु फूलि रहै,
आस-पास कास खेत खेत चहुँ देस हैं।"

—कवित्त-रत्नाकर (तीसरी तरंग)

कुन्द (JASMINUM PUBESCENE)—कुन्द के फूल सफेद होते हैं किन्तु उसकी कलियाँ कुछ लाल रहती हैं। इनको दाँतों का उपमान बनाया जाता है—

"कुलिस कुन्द कुड्मल दामिनि दुति दसननि देखि लजाई"

विद्यापति ने कुन्द-कुसुमों को हँसते हुए दिखाया है—

"चल देखए जाऊ रितु बसन्त।
जहाँ कुन्द कुसुम केतकि हसन्त॥"

—विद्यापति की पदावली (बसन्त)

जब कुन्द के फूल खिलते हैं इकट्ठे ही खिलते हैं और वास्तव में हँसते हुए दिखाई देते हैं। कुन्द का इन्दु के साथ-साथ श्वेतता के उपमानों में उल्लेख होता है। गोस्वामी तुलसीदास जी ने रामचरितमानस के मंगलाचरण में शिवजी के सम्बन्ध में कहा है—

"कुन्द इन्दु सम देह उमा रमन करुना अयन।
जाहि दीन पर नेह करउ कृपा मर्दन मयन॥"

—रामचरितमानस (बालकांड)

कुमुद (NYPHEA ALBA)—जिस प्रकार सूर्योदय पर कमल खिलता है उसी प्रकार चन्द्रोदय पर कुमुद खिलते हैं। चन्द्रमा और कुमुद का स्नेह माना जाता है। रामचरितमानस में चन्द्रमा को 'कुमुदबन्धु' कहा है— *'कुमुद-बन्धु कर निन्दक हासा'*—अर्थात् रामचन्द्र जी का हास चन्द्रमा का तिरस्कार करता है। सूर्योदय होते ही कुमुद बन्द हो जाते हैं—

"अरुन उदय सकुचे कुमुद, उडगन जोति मलीन"

कुसुभ (CARTHEUMUS TINCTURINUS)—इसके फूल से कुसुम्भी

रंग बनता है। रजा रानी मीरा को कुसुम्मी रंग की साड़ी बहुत प्रिय थी। वे उसी से अपने इष्टदेव श्रीकृष्ण जी को रिझाना चाहती थी—

"सावरिया के दरसन पाऊँ पहन कुसुम्भी सारी।"

केतकी (PANDANUS FASCICULARIS)—इसका वृक्ष केवड़े की जाति का काँटेदार पत्तों वाला होता है। इसका भीतर का पत्ता श्वेतता का उपमान माना जाता है—'केतकी गर्भ आभा'। इसके काँटेदार होने के ही कारण महाकवि भूषण ने राणा को केतकी बनाया है—*'राना केतकी विराज हैं'*।

केसू (टेसू, पलाश) (BUTEA MONOSPERMA)—केसू बसन्त का सूचक है। बसन्त ऋतु के आगमन पर इसके पत्ते झर जाते हैं और उसके लाल-लाल फूल बन को रक्तवर्ण बना देते हैं—पल=मांस, आश=खाने वाला—बसन्त के आगमन का सूचक होने के कारण यह विरहिणियों का मांस खाने वाला माना जाता है। केसू शब्द का प्रयोग सेनापति ने किया है—

"लाल लाल केसू फूलि रहे हैं बिसाल, संग
स्याम रंग भेंटि मानौं मसि में मिलाये हैं।"

—कवित्त-रत्नाकर (तीसरी तरंग)

केसू के फूल का ऊपरी भाग अंगारे जैसा लाल और नीचे का डंठल सहित घुंडीवाला भाग कोयला जैसा काला (गहरा कत्थई) होता है। उसके ऊपर *'मधु-काज आइ बैठे मधुकर-पुंज'* को देखकर सेनापति ने कामदेव द्वारा विरहियों को जलाने के लिए कोयला सुलगाये जाने (आधे अन-सुलगे और आधे सुलसे) की बात बड़ी रीति से कही है—

"तहाँ मधु-काज आयी बैठे मधुकर-पुंज,
मलय पवन उपवन-बन धाये हैं।
'सेनापति' माधव महीना में पलास तरु
देखि देखि भाव कविता के मन आए हैं।
आधे अन-सुलगि, सुलगि रहे आधे, मानो
बिरही दहन काम क्वैला परचाये हैं॥'

—कवित्त-रत्नाकर (तीसरी तरंग)

पलाश के पत्तों के दोंने बनते हैं। भगवान श्रीकृष्ण भी कमल के पत्तों और पलाश के दोंनो का प्रयोग किया करते थे—

"बन भोजन बिधि करत, कमल के पात मँगाये।
तोरे पात पलास, सरस दोंना बहु लाये॥'

पलाश के फूल तोते की चोंच की तरह होते हैं इसीलिए इनको किंशुक (किम् शुक) कहते हैं अर्थात् 'क्या तोते हैं?' किंशुक के फूलों को कालिदास ने भी तोते की चोंच की तरह का कहा है—

"किं किंशुकैः शुकमुखच्छविभिर्न भिन्नं
किं कर्णिकारकुसुमैर्न कृतं नु दग्धम्॥"

—ऋतुसंहार (6।20)

कविवर सुमित्रानन्दन पन्त ने पलाश की लाली के कारण उसको यौवन के नये रक्त और जीवन-ज्वाला का प्रतीक कहा है—

'यौवन के नव रक्त, तेज का जिनमें मदिर उभार!
हृदय रक्त ही अर्पित कर मधु को, अर्पण-श्री शाल!
तुमने जग में आज जला दी दिशि-दिशि जीवन-ज्वाल।'

—युगवाणी (पलाश)

पन्त जी ने पलाश की शोभा, श्री और दीप्ति की भूरि-भूरि प्रशंसा की है।

गुंजा (ABRUS PRECATORIUS)—इसको घुँघची या रत्ती भी कहते हैं। जंगल में सुलभता से मिलने के कारण श्रीकृष्ण जी इसकी बनमाल पहना करते थे। सूर ने तो गुँजा की माला का उल्लेख किया ही है— *'उर गुँजा बनमाल मुकुट सिर बेनु रसाल बजावत'*—बिहारी ने भी भगवान श्रीकृष्ण को गुँजा की माल के बानिक में मन से बसाना चाहा है—

"मोर मुकुट कटि काछनी, उर गुँजा की माल।
यह बानक मो मन बसहु, सदा बिहारीलाल॥"

सूर की गोपियों ने अपनी रोती हुई लाल आँखों की गुँजों से उपमा दी है—

"बिनु गोपाल बैरिन भइँ कुंजैं।

× × ×

सुरदास प्रभु को मग जोवत अँखियाँ भईं बरन ज्यों गुंजैं।'

—भ्रमरगीत-सार (85)

गुड़हल (जपाकुसुम) (HIBISCUS ROSA CHINENSIS)—गुड़हल का फूल लाल होता है। इसे जपाकुसुम भी कहते हैं। देवी की पूजा में इसका विशेष प्रयोग किया जाता है। इसकी तीव्र लाली के कारण ही सूर्य देव के लिए यह उपमान बनाया गया है— *'जपाकुसुम संकाशं काश्यपेयं महाद्युतिम्।'* इसके सम्बन्ध में यह कवि-प्रसिद्ध है, कि जहाँ यह फूल होता है वहाँ लड़ाई होती है—

"वाही दिन तैं ना मिट्यौ मानु, कलह कौ मूलु।
भलैं पधारे, पाहुने, ह्वै गुड़हर कौ फूलु॥"

—बिहारी-रत्नाकर (दोहा 565)

गेंदा (TAGETES PATULA)—गेंदे का फूल गेंद (कन्दुक) की भाँति गोल होता है, इसी से इसका नाम गेंदा पड़ा है। इसका आकार कुछ-कुछ पाग-का-सा होता है, इसीलिए भारतेन्दु हरिश्चन्द्र ने लिखा है—

"गेंदा फूले सब डार डार,
मनु पाग पहिरि ठाढ़ी कता।"

चन्दन (SANTALUM ALBOM)—यह सूखने पर ही सुगन्धि देता है। इसमें फूल भी होते हैं लेकिन कवि इनका वर्णन नहीं करते हैं। इससे उनको विधाता की बुद्धि पर तरस खाने को मिल जाता है; इसके विषय में यह भी प्रसिद्धि है कि जम्भीर, नीम, कुटज आदि जो भी वृक्ष मलयागिरि पर होते हैं वे सब चन्दन हो जाते हैं—

"मन्यामहे मलयमेव यदाश्रयेण।
कंकोल निम्ब कुटजा अपि चन्दनाः स्युः॥'

कुटज (कुटज का दूसरा नाम 'कुरैया' है जिसके बीज को 'इन्द्रजौ' कहते हैं) के फूलों से ही मेघदूत के यक्ष ने मेघ को अर्घ्य देकर उसकी पूजा की थी—

"स प्रत्यगैः कुटजकुसुमैः कल्पितार्धाय तस्मै।
प्रीतिः प्रीतिप्रमुखवचनं स्वागतं व्याजहार॥"

—मेघदूत (पूर्वमेघ 4)

चन्दन के वृक्ष पर साँप लिपटे रहने की प्रसिद्धि बहुत पुरानी है। कालिदास ने परशुराम के सतोगुणी यज्ञोपवीत के साथ धनुषबाण धारण करने की उपमा में चन्दन के वृक्ष पर सर्प का उल्लेख किया है—

"सद्विजिह्व इव चन्दनद्रुमः॥'

—रघुवंश (11।6)

चम्पा (MICHELIA CHAMPAKA)—जिस चम्पा का कवि लोग वर्णन करते हैं वह पीले रंग की होती है। उसके फूलों का पीला रंग शरीर के पीले रंग में मिल जाता है। गोस्वामी तुलसीदास जी सीताजी के सौन्दर्य का वर्णन करते हुए लिखते हैं—

"चम्पक हरवा अँग मिलि अधिक सुहाइ।
जानि परै सिय हियरे जब कुम्हलाइ॥"

इसके सम्बन्ध में यह कवि-प्रसिद्ध है कि भौंरा इसके पास नहीं आता है, इसलिए इसके विषय में कहा गया है—

"चम्पा तोमें तीन गुण, रूप रंग अरु बास।
औगुन तो में एक है, भँवर न आवे पास॥"

महाकवि भूषण ने इसमें इसी गुण का सहारा लेकर छत्रपति शिवाजी को चम्पे का फूल बनाया है जिसके इस गुण के कारण भौंरा औरंगजेब पास नहीं आ सकता है—

"त्यागे सदा षटपट-पद अनुमानि यह
नवरंगजेब चम्पा सिवराज है॥'

—शिवाबावनी

गुप्त जी ने भी इसी कवि-प्रसिद्ध का लाभ उठा कर विरहिणी उर्मिला से कहलाया है—

"भ्रमर, इधर मत भटकना, ये खट्टे अंगूर,
लेना चम्पक-गन्ध तुम, किन्तु दूर ही दूर।"

–साकेत (नवम सर्ग)

छुई मुई (MIMOSA PUDICA)–इसका पौदा बड़ा लचीला और कोमल होता है जो छूते ही मुर्झा जाता है। कविवर सुमित्रानन्दन पन्त ने ढलते हुए दिन की आभा को छुई मुई बनाया है–

जुही (JASMINUMAUBICULATUM)–जुही का फूल छोटा और अत्यन्त मोहक भीनी गन्ध से युक्त होता है। इसकी चमेली की-सी बेल चलती है। सूर ने श्रीकृष्ण जी के रास में अन्तर्धान हो जाने पर गोपियों द्वारा जुही आदि वृक्षों से कृष्णजी का पता पूछा है–

"अति व्याकुल भईं गोपिका, ढूँढ़त गिरधारी।
बूझति हैं बन बेलि सौं, देखे बनवारी॥"

–सूरसागर (दशम स्कन्ध? पृष्ठ 638)

श्री निराला जी की 'जूही की कली' कविता काफी ख्याति प्राप्त कर चुकी है–

विजन-वन-वल्लरी पर
सोती थी सुहागभरी-
स्नेह-स्वप्न-मग्न-अमल-कोमल-तनु तरुणी
जुही की कली,
दृग बन्द किये, शिथिल, पत्रांक में।
वासन्ती निशा थी;
विरह-विधुर प्रिया-संग छोड़
किसौ दूर-देश में था पवन
जिसे कहते हैं मलयानिल।

तमाल (LAURUS CUSSIA)–तमाल का वृक्ष श्रीकृष्णजी के प्रिय वृक्षों में से है। उनके शरीर की उपमा तमाल से दी जाती है– *'तरु तमाल गोपाल लाल बने'*। ब्रज की गोपियाँ ऊधव से कहती हैं– *'ये बल्ली बिहरत वृन्दावन अरुझीं श्याम तमालहिं'*। भगवान कृष्ण को त्रिभंगी मुद्रा में तमाल के नीचे खड़ा होना बड़ा प्रिय है– *'तरु तमाल तरे त्रिभंगी कान्ह कुँवर, ठाड़े हैं साँवरे सुवरन।'* कुछ लोग तमाल के पत्तों का तेजपात के पत्तों से तादात्म्य करते हैं। तेजपात को 'LAURUS NOBLIS' कहते हैं। गीतगोविन्द के मंगलाचरण में रात की श्यामलता का वर्णन करते हुए लिखा है–

"मेघैर्युदुरमम्बरं वनभुवः श्यामास्तमाल द्रुमैः"

–गीतगोविन्द (1।1)

जिस प्रकार *'कालिन्दी कूल कदम्ब की डारन'* का उल्लेख होता है, वैसे ही जमुना-तट के तमालों का भी उल्लेख होता है–

'तरनि तनूजा तट तमाल तरुवर बहु छाये।'

दाड़िम (अनार) (PUNICA GRONATUM)—दाड़िम या अनार कवियों और शुकों का बड़ा प्रिय फल है। इसके दाने दाँतों का उपमान बनते हैं— *'कुन्दकली दाड़िम दसन'*। कविवर श्री मैथिलीशरण गुप्त ने नाक को शुक का प्रतिनिधि मानकर बेसर के मोती को दाड़िम का दाना बनाया है—

"नाक का मोती अधर की कान्ति से,
बीज दाड़िम का समझ कर भ्रान्ति से,
देखकर सहसा हुआ शुक मौन है,
सोचता है, अन्य शुक यह कौन है?"

—साकेत (प्रथम सर्ग)

इसमें तद्गुण और भ्रान्ति अलंकारों की भी छटा दर्शनीय है। कविसम्राट अयोध्यासिंह उपध्याय ने पूरे वृक्ष की ही शोभा का वर्णन किया है। उसमें फूल-फल और दाने सभी कुछ आ जाते हैं—

"विलोल-जिह्वा-युत रक्त-पुष्प से।
सुदन्त शोभी फल भग्न-अंक से।
बढ़ा रही थी वन की विचित्रता।
समाद्रिता दाड़िम की द्रुमावल।"

—प्रियप्रवास (नवम सर्ग)

देवदारु (CEDRUS DEODARA)—पहाड़ी वृक्षों में देवदारु का साल के वृक्ष की तरह विशालकाय होने का उल्लेख होता है। यह पाँच प्रकार के देववृक्षों में से एक है। देवदारु शब्द का ही अर्थ है देवताओं की लकड़ी (दारु=काष्ठ)। कविवर जयशंकर प्रसादजी ने कामायनी के आरम्भ में हिमालय का वर्णन करते हुए देवदारु की विशालता का वर्णन किया है। उनको मनु के समान ही लम्बा बतलाया है—

"उसी तपस्वी से लम्बे, ये
देवदारु दो चार खड़े;
हुए हिम-धवल, जैसे पत्थर
बन कर ठिठुरे रहे अड़े।"

—कामायनी (चिन्ता)

धतूरा (DATURA ALBA)—आक के साथ शिवजी की प्रिय वस्तुओं में धतूरा भी होता है। इसका फूल तुरही के आकार का होता है। इसी आकार-सादृश्य के कारण महाकवि विद्यापति ने बसन्त के जन्मोत्सव में धतूरे को तुरही बजाने वाला कहा है— *'काहरकार धतूरा'*।

इसको संस्कृत में कनक भी कहते हैं। कनका का अर्थ सोना भी है। इसी द्वयर्थकता का लाभ उठाकर कविवर बिहारीलाल जी ने लिखा है—

"कनक कनक तें सौगुनो मादकता अधिकाइ।
उहिं खाएँ बौराइ जग, इहिं पाएँ हीं बौराइ॥"

—बिहारी-रत्नाकर (दोहा 192)

धवा (ANOGEISSUS SP.)—धवा धाय के वृक्ष को कहते हैं। परिसंख्या अलंकार का चमत्कार दिखाते हुए केशवदास जी कहते हैं—*'विधवा बनी न नारि'*। प्रवर्षणगिरि के वर्णन में इसके धाय रूप का भी लाभ उठाया गया है—*'संग धाय विराजै'*।

निम्ब (नीम) (MELIA AZADIRACHTA)—नीम भारत के अत्यन्त लोकप्रिय वृक्षों में से है। उपयोगिता की दृष्टि से इसका बहुत महत्त्व है किन्तु कवियों ने उसमें भी मानवीय भाव भरने की कोशिश की है। कविवर नरेन्द्र शर्मा ने नीम से अपनी तुलना करते हुए लिखा है—

"मौन था मैं, आह भर भर
कर कराहे रात भर तुम—
नीम! मेरे भाव हैं वह,
दे रहे हो तुम जिन्हें स्वर!"

—मिट्टी और फूल (हवा में नीम)

पाकर (FICUS INFECTORIA)—कीकर (ACACIA ARABICA) के साथ इसका उल्लेख होता है—

"कीकर पाकर तार जामुन फलसा आमला।
सेव कदम कचनार पीपर रत्ती तू न तज॥"

इसमें मुद्रालंकार द्वारा पेड़ों के नाम उपस्थित किये गये हैं और साथ ही पतिव्रत धर्म का उपदेश भी दिया गया है।

पाटल (गुलाब) (ROSA INDICA)—कविवर तुलसीदासजी ने मनुष्यों की प्रकृति का वर्णन करते हुए गुलाब, पनस (कटहल, ARTOCARPUS– INTERIFOLIA) और रसाल (MANGIFERA INDICA) का उल्लेख किया है—

"जनि जल्पना करि सुजसु नासहि नीति सुनहि करहि क्षमा
संसार महँ पुरुष त्रिबिध पाटल रसाल पनस समा
एक सुमनप्रद एक सुमन फल एक फलइ केवल लागहीं
एक कहहिं कहहिं करहिं अपर एक करहिं कहत न बाग हीं'

—रामचरितमानस (लंकाकाण्ड)

गुलाब फूलता ही है, फलता नहीं। यह उस व्यक्ति के समान है जो केवल कहता है, करता नहीं है।

कटहल फूलता नहीं है, फलता है। यह उस व्यक्ति के समान है जो कहता नहीं, करता है—*"सूरै समर करनी करहिं कायर करहिं प्रलाप।"*

आम फूलता फलता दोनों ही है। यह उस व्यक्ति के समान है जो कहता और करता दोनों ही है।

पीपल (अश्वत्थ) (FICUS RILIGIOSA)—यह वट के साथ भारत के पवित्र और पूजनीय वृक्षों में माना जाता है। इसीको बोधि-वृक्ष भी कहते हैं। भगवद्गीता में इसको भगवान की विभूतियों में गिनाया गया है—*'अश्वत्थः सर्ववृक्षाणां देवर्षीणां च नारदः'* (श्रीमद्भगवद्गीता, 10।26)। इसी ग्रन्थ-रत्न में संसार को ऊपर की ओर जड़ तथा नीचे की ओर शाखा फैलाए हुए अश्वत्थ वृक्ष कहा गया है—

''ऊर्ध्वमूलमधःशाखमश्वत्थं प्राहुरव्ययम्।'

—श्रीमद्भगवद्गीता (15।1)

आधुनिक कवि पं. सुमित्रानन्दन पन्त ने वर्तमान संस्कृति के अनुकूल इसका उल्टा कर दिया है क्योंकि पृथ्वी का आश्रय लिए बिना संस्कृतियाँ पल्लवित नहीं हो सकतीं—*'अधोमूल अश्वत्थ विश्व, शाखाएँ संस्कृतियाँ वर'*।

इसको संस्कृत में चलदल भी कहते हैं क्योंकि इसकी पत्ती हवा के कारण चंचल बनी रहती है। परिसंख्या अलंकार का सहारा लेते हुए कवि केशवदास ने चंचलता को चलदल में ही सीमित कर दिया है, पुरुषों में उसको स्थान नहीं दिया है—*'अति चंचल जहँ चलदलै, विधवा बनी न नारि'*।

बन्धूक (IXORA BANDHUKA)—इसका फूल छोटा, लाल और गुच्छेदार होता है। होठों, हाथों आदि की इससे उपमा दी जाती है। उर्मिला शरद् का स्वागत करती हुई 'साकेत' में कहती है—

''करके ध्यान आज इस जन का निश्चय वे मुसकाये,
फूल उठे हैं कमल, अधर-से ये बन्धूक सुहाये!''

—साकेत (नवम सर्ग)

बिम्बा (COLOCYNTHIS INDICUS)—इसकी बेल होती है और प्रायः जंगलों में पायी जाती है। इसका फल शाक के काम में आता है। पक जाने पर यह लालरंग का हो जाता है और अधरों का उपमान बनता है। इसको कुँदरू भी कहते हैं। सूर ने श्रीकृष्ण की भोजन-सामग्री में इसको गिनाया है—*'कुनरू और ककोरा।'*

तोते को भी यह फल बहुत प्रिय मालूम पड़ता है। सन्देह अलंकार का सहारा लेकर सूरदास जी अधरों का इस प्रकार वर्णन करते हैं—

''किधौं तरुन तमाल बेलि चढ़ि,
जुग फल बिम्ब सु पाक्यो॥
नासाकीर आइ मनु बैठ्यो,
लेत बनत नहिं ताक्यो॥''

इसमें तमाल श्रीकृष्णजी का प्रतिनिधित्व करता है और बिम्ब अधरों का। सूर

ने बिम्ब के साथ जान-बूझकर 'सुपाक्यो' विशेषण दिया है क्योंकि पके हुए कुँदरू का ही रंग लाल होता है।

उपमा के सहारे सूर ने एक जगह और इसका सुन्दर वर्णन किया है–

"अधर अरुन, अनूप नासा, निरखि जन-सुखदाइ।
मनौ सुक, फल बिम्ब कारन, लेन बैठ्यौ आइ।'

–सूरसागर (दशम स्कन्ध, पृष्ठ 340)

बेत (CALAMUS SP.)–भवभूति आदि प्राचीन संस्कृत कवियों में बेत की लता का वर्णन आया है। इसके सम्बन्ध में यह कविप्रसिद्ध है कि यह न फूलता है और न फलता है। गोस्वामी तुलसीदासजी ने मूर्ख हृदय को इससे उपमा देते हुए लिखा है–

"फूलइ फरइ न बेत जदपि सुधा बरषहिं जलद।
मूरुख हृदय न चेत जौं गुर मिलहिं बिरंचि सम॥"

–दोहावली (दोहा 484)

किन्तु बेत की कुछ जातियों में फूल और फल आते हैं। इस कवि-प्रसिद्धि द्वारा मूर्ख हृदय पर गुरु-उपदेश की विफलता अच्छी तरह दिखायी जा सकती है।

भीम (अम्लवेत) (VITIS ADNATA)–केशवदासजी ने भीम नाम का लाभ उठाते हुए पंचवटी को 'पांडवों की प्रतिमा' बतलाया है–

"पांडव की प्रतिमा सम लेखो।
अर्जुन भीम महामति देखो॥"

–रामचन्द्रिका (पंचवटी-वन-वर्णन)

मुचुकुन्द (PTEROSPERNUM ACERIFOLIUM)–इसका फूल सफेद और गुच्छेदार होता है। भूषण ने राजाओं को भिन्न-भिन्न फूलों का रूप देते हुए औरंगजेब को भौंरा बनाया है जो चम्पा (शिवाजी) को छोड़कर और सब का रस लेता है। इसी सिलसिले में भूषण ने मुचुकुन्द का भी उल्लेख किया है–

"करम कमल कमधजु है कदमफूल
गौर है गुलाब राना केतकी बिराज हैं।
पाँडरि पँवार जुही सोहत है चन्द्रावत
सरस बुँदेला सो चमेली साजबाज है।
'भूषन' भनत मुचुकुन्द बड़गूजर हैं
बघेले बसन्त सब कुसुम-समाज है।
लेइ रस एतेन को बैठि न सकत अहै
अलि नवरंगजेब चम्पा सिवराज है।"

–शिवाबावनी (छन्द 17)

मल्लिका (JASMINUM SAMBAE OR AUGUSUTIFOLIUM)–इसको मोतिया भी कहते हैं। ये बेले की जाति का एक फूल होता है। अभिज्ञान

शाकुन्तल नाटक में मल्लिका का विवाह आम्र वृक्ष से कराया गया है और शकुन्तला ने उसका नाम 'वन ज्योत्स्ना' रखा था। यह नाम बड़ा ही सार्थक तथा चित्रमय है। शकुन्तला की सखी प्रियम्वदा उससे छेड़खानी करती हुई कहती है– *'यथा वनज्योत्स्नानुरूपेण पादपेन संगता तथा अहमपि आत्मनोऽनुरूपं वरं लभेय 'इति'*।

चन्द्र मल्लिका के फूल को कविवर सुमित्रानन्दन पन्त ने सफेद गुलदाउदी का फूल माना है–

"शय्या ग्रस्त रहा मैं दो दिन, फूलदान में हँसमुख
चन्द्र मल्लिका के फूलों को रहा देखता सन्मुख।
गुलदावदी कहूँ–कोमलता की सीमा ये कोमल!
शैशव स्मिति इनमें जीवन की भरी स्वच्छ सद्योज्वलं!'

–ग्राम्या (पृष्ठ 107)

माधवी (HIPTAGE MADOBLOTA)–इसका भी फूल सफेद होता है और इसका भी प्रणय रसाल वृक्ष से कराया जाता है। इसका उल्लेख बसन्त के सम्बन्ध में होता है। कविवर बिहारीलाल जी ने इसका उल्लेख इस प्रकार किया है–

"छकि रसाल-सौरभ, सने मधुर माधुरी-गन्ध।
ठौर ठौर झौंरत झँपत भौंर-झौंर मधु-अन्ध॥'

–बिहारी-रत्नाकर (दोहा 496)

माधवी का अर्थ वैशाख से सम्बन्धित भी है।

मालती (ECHITES CARYOPHYLLATA)–इसका फूल श्वेत रंग का और इसकी गन्ध बड़ी भीनी होती है। सूरदास जी ने श्री कृष्ण के अन्तर्धान हो जाने पर गोपिकाओं द्वारा श्रीकृष्ण का मालती आदि वृक्षों से पता पुछवाया है–

"अति व्याकुल भईं गोपिका, ढूँढ़त गिरधारी।
बूझति हैं बन बेलि सौं, देखे बनवारी॥
जाही, जूही, सेवती, करना, कनिआरी।
बेलि, चमेली, मालती, बूझति द्रुम-डारी॥"

–सूरसागर (दशम स्कन्ध, पृष्ठ 638)

तुलसीदासजी ने भी इसी प्रकार *'खग मृग मधुकर श्रेणी'* से राम द्वारा सीता का पता पुछवाया है–

"हे खग मृग हे मधुकर श्रेनी। तुम्ह देखी सीता मृग नैनी।"

–रामचरितमानस (अरण्यकाण्ड)

कविवर रहीम खानखाना ने गंगाजी को शिवजी के सिर को मालती माल कहा है– *'अच्युत-चरण-तरंगिणी शिव-शिरि-मालति-माल'*।

कविवर सेनापति ने नायिका के तन की वास द्वारा मालती-माला की सुगन्धि को द्विगुणित करती हुई बताया है–

"मालती की माल तेरे तन कौं परस पाइ,
और मालतीन हू तैं अधिक बसाति है।"

—कवित्त-रत्नाकर (शृंगार-वर्णन)

मौलिश्री (MIMUSOPS ELENGI)—इसके फूल छोटे और कटे हुए गोल श्वेत रंग के होते हैं जिनकी बड़ी भीनी सुगन्धि आती है। कविवर बिहारीलाल जी ने इसकी माला का उल्लेख नीचे के दोहे में किया है—

"अपनैं करगुहि, आपु हठि हिय पहिराई लाल।
नौल सिरी औरै चढ़ी बौलसिरी की माल॥"

—बिहारी-रत्नाकर दोहा (204)

इसमें नायक के पहनाये जाने के कारण मौलिश्री की माला की द्युति और भी बढ़ जाती है और वह नयी शोभा धारण कर लेती है, (नौल सिरी=नवल श्री, बौलसिरी=मौलिसरी, मौलिश्री)।

रसाल (MANGIFERA INDICA)—यह भारत का विशेष फल है और इसका बड़ा सांस्कृतिक महत्त्व है। इसके पल्लवों का प्रत्येक शुभ कार्य में प्रयोग होता है। इसके तोरण तथा बन्दनवार बनाये जाते हैं। आम का बौर बसन्त का अग्रदूत माना जाता है और इसीलिए वह विरहिणियों के हृदय को छेदता बतलाया है—

"लाल हैं प्रबाल फूले देखत बिसाल, जऊ
फूले और साल पै रसाल उर-साल है।"

—कवित्त-रत्नाकर (ऋतु-वर्णन)

कवि लोग कोयल को भी प्रायः रसाल वृक्ष पर ही बैठा हुआ देखते हैं—

"मेरे बौरे रसाल वन-से
मन में कोयल बन-जाओ।"

—नरेन्द्र शर्मा

लवंगलता (PERGULARIA)—इसका फूल छोटा होता है। और अपनी सुगन्धि के कारण मधुकरों को आकर्षित करता है। महाकवि जयदेव ने अपने गीत-गोविन्द में इस लता को अमर कर दिया है—

"ललितलवंगलतापरिशीलनकोमलमलयसमीरे
मधुकरनिकरकरम्बितकोकिलकूजितकुंजकुटीरे'

—गीतगोविन्द (312)

भारतेन्दुजी ने इसी गीत का हिन्दी रूप इस प्रकार उपस्थित किया है—

"लै ललित लवंग-सुवास, डोलत कोमल मलयज बतास।
अलि-पिक-कलरव लहि आसपास, रह्यौ गूँजि कुंज गहबर अवास॥"

वट (FICUS BENGALENSIS)—पीपल के साथ यह भी भारत के पवित्रतम वृक्षों में माना जाता है। वट सावित्री के पर्व पर इसकी सधवा स्त्रियों द्वारा पुत्र-कामना

से पूजा की जाती है। यह पर्व ज्येष्ठ बदी अमावस्या को होता है। इसका सम्बन्ध सावित्री-सत्यवान की कथा से हैं इसका सम्बन्ध शिवजी से भी है और श्री कृष्ण से भी। शास्त्रों में ऐसा माना जाता है कि इसका एक वृक्ष प्रलयकाल में भी बना रहता है और इसके एक पत्ते पर भगवान विष्णु बालमुकुन्द रूप में शयन करते हैं—

''वटस्य पत्रस्य पुटे शयानम् बालं मुकुन्दम् मनसा स्मरामि।''

कविवर जयशंकर प्रसादजी ने भी जल-प्लावन के सम्बन्ध में 'कामायनी' में इसी वृक्ष का उल्लेख किया है—

''बँधी महा-वट से नौका थी
सूखे में अब पड़ी रही;
उतर चला था वह जल प्लावन,
और निकलने लगी मही।''

—कामायनी (चिन्ता)

श्रीकृष्ण भगवान भी वंशी-वट के नीचे ही बैठकर वंशी की तान से गोपिकाओं को मुग्ध किया करते थे। इसी के नीचे बैठकर वे कभी-कभी विचार भी किया करते थे—

''वंसीवट सीतल जमुना-तट, अतिहि परम सुखदाई।
सूर श्याम तँह बैठि विचारत, सखा कहाँ बिरमाई॥''

शेफाली (NYCTANTHES ARBOR-TRIS)—इसको हार-शृंगार भी कहते हैं। इसके फूल की पंखड़ी सफेद और डंठल लाल होता है। इससे रंग निकाला जाता है। इसके रंग का उल्लेख गुप्तजी ने साकेत में किया है—

''तुम अर्द्धनग्न क्यों रहो अशेष समय में,
आओ, हम कातें-बुनें गान की लय में।
निकले फूलों का रंग, ढंग से ताया,
मेरी कुटिया में राज-भवन मन भाया।''

—साकेत (अष्टम सर्ग)

सरसों (BRASSICA)—इसका फूल पीला होता है। यह भी बसन्त का अग्रदूत माना जाता है। कविवर सुमित्रानन्दन पन्त ने इसकी तैलाभ गन्ध का उल्लेख किया है—

''उड़ती भीनी तैलाक्त गन्ध,
फूली सरसों पीली पीली,''

—ग्राम्या (ग्राक-श्री)

साल (SHOREA ROBUSTA)—यह वृक्ष बड़ा विशालकाय होता है जो प्रायः पहाड़ों पर ही पाया जाता है। इसकी विशालता के सम्बन्ध में पं. अयोध्यासिंह उपाध्याय अपने 'प्रियप्रवास' में इस प्रकार लिखते हैं—

''नितान्त ही थी नभ-चुम्बनोत्सुका।
द्रुमोच्चता की महनीय-मूर्ति थी।

खगादि की थी अनुराग-वर्द्धिनी।
विशालता-शाल-विशाल-काय की।"

—प्रियप्रवास (9 ।45)

सिरिस (ALLUZZIA LEBECK)—इसका फूल बड़ा कोमल होता है। इसको कोमलता गुण का उपमान बनाया जाता है। कालिदास ने *'सिरीसकुसुमादपि सुकुमार्या'* लिखकर इसकी सुकुमारता का परिचय दिया है। कवि-चूड़ामणि तुलसीदास जी ने भी इसकी सुकुमारता का उल्लेख किया है—

"विधि केहि भाँति धरऊँ उर धीरा। सिरिस-सुमन-कन बेधिय हीरा।"

सेमर (BOMBAX MALABARICUM)—इसका पेड़ लम्बा होता है और इसके फूल में रुई निकलती है। कवि इसके द्वारा संसार की निस्सारता का वर्णन करते हैं—

"सेमर सुवना सेइया, दुइ टेढ़ी की आस।
टेढ़ी फूटी चटाक दे सुदना चला निरास।"

सूर ने भी इसी परम्परागत उक्ति का उपयोग किया है—'रसमय जानि सुवा सेंमर की चौंच छालि पछितायौ'।

इस प्रकार हम देखते हैं कि भारत की वन-सम्पत्ति को हमारे कवियों ने जी खोलकर प्रयोग किया है। इस उपयोग में उनका प्रकृति-प्रेम प्रदर्शित होता है और काव्य में सुबोधता, सजीवता तथा चित्रमयता आ जाती है। साहित्य में आने वाली फूल-पौधों पर आश्रित उपमाओं और उत्प्रेक्षाओं का पूरा-पूरा आस्वाद लेने के लिए इन पेड़-पौदों का निरीक्षण तथा इनकी पहचान आवश्यक है। इसके लिए विशेषज्ञों की सहायता वांछनीय है। वनस्पति-शास्त्र के विद्वान भारतीय पेड़-पौदों और फूल-पत्तों के देशी नाम से परिचित होने का प्रयत्न करें (कुछ वृक्षों और पादों जैसे, कर्णिकार, तमाल, मल्लिका आदि के सम्बन्ध में अब भी मतभेत है कि उनका नाम क्या है?) और साहित्यिक बन्धु फूल-पेड़ों के नामोल्लेख के अतिरिक्त प्रत्यक्ष जानकारी प्राप्त करें तभी ऋतु-वर्णन और उपमानों आदि के प्रसंगों में वर्णित फूल-पत्तियों की श्री और शोभा का आस्वाद कर सकेंगे।

□□